裸體日本

混浴、窺看、性意識，
一段被極力遮掩的日本近代史

目錄

第二章 日本全國都有混浴習慣？

幕末維新時期的入浴實態

第三章 日本人的裸體觀

與現代不同的裸體觀

第四章 受到鎮壓的裸體

第五章

複雜化的裸體觀

第六章　遭到多重遮掩的裸體

持續被遮掩的前方之物

終章

遮掩裸體的極限

序篇一下田公共浴場

一百五十年前的混浴圖

現代的日本人都具有共通的裸體觀念，例如在眾人面前露出裸體，是一件不道德的事情，這是其一的共通觀念。還有，被別人看見自己的裸體，也會感到羞愧，換言之，自然而然產生了羞恥心，也是其一的例子。再者，每當看到異性的裸體，腦中會產生有關於性的強烈訊息，並很容易把異性的裸體跟性愛相互連結，這可說是現代日本人對於裸體觀念的共通特徵。

那麼，當各位對於裸體抱持共通的基本常識後，請看下頁的圖序—1。此畫的畫名為〈下田的公共浴場〉，這幅畫誕生於一八五四年（安政元年）(1)，至今約一百五十多年前，是經常被拿來討論的畫作，相信很多人應該都有看過。

然而，仔細端詳這幅畫，越看越覺得不可思議。

在公共浴場裡，總共有22位入浴者，男性9位、女性10位，其他還有3位無法判定性別，透過畫面可將他們大致分為4個團體。首先，是畫面右後方的5位女性團體，也許是木桶較寬的關係，5位女性中有4位女性蹲坐，只有1位抱著水盆站著，旁邊的女性雙腿半開，看著自己的小腹，右邊的女性則是斜眼看著左邊的女性，

圖序—1 下田的公共浴場

感覺正喃喃自語著。

再來看看畫面中央，4位男性與5位女性，以湯溝為交界混坐在一起，右邊的男性拿著水盆站起，往畫面之外移動，旁邊是把水盆放在地上準備蹲下的男性，以及把手放進水盆中、雙腳半伸展開來的男性。在這個團體中，最為顯眼的是坐在最前方的豐腴女性，她抱著雙腿，看起來正在用浴巾擦拭外側小腿，後方有一位女性與她背對背蹲坐著，還有跪坐的女性與半站立姿勢的女性。

將視線移到後方，不知為何看到了名為「破風」的建築樣式，破風是日本建築中裝設於山形牆上的人字板或附屬建築物的總稱。破風下側設有通往建築內部的入口，從畫中可看到束有髮髻的男性彎下身體往內側走去，其他三位已進去入口，只能看到他們的臀部與腿部，因此無法判定性別。

最後的團體是看起來像在更衣間裡的幾位男性，右邊的男性坐在地上，茫然地望著浴池，旁邊的男性則是毫不遮掩地，以雙臂交叉之姿看著前方。在置衣櫃的前方，全裸的男性與身穿衣服的男性正在交談，不知道是已經洗完澡，還是即將要入浴。

以上就是這幅畫的概要，如同畫名，這裡是公共浴場，以關東人的方式來形容，就是湯屋或錢湯，在關西則通稱為風呂屋。當我們聯想起街上的錢湯或是超級錢湯（除了各種功能浴池，還設有休息室、餐廳等設施的公共浴場）時，與這幅畫所描述的情景，兩者落差之大，令人駭異。

首先令人感到驚訝的是，雖然是公共浴場，卻是男女混浴的形式，而且不分男女，在異性面前露出裸體，完全沒感到羞恥。例如站在更衣間旁邊的男性，採雙臂交叉的姿勢，一副威風凜凜的模樣，就是最典型的例子。此外，提到現代的混浴溫泉，只要找到能一窺女性裸體的機會，相信任何男性絲毫不會錯過的下流心理，在這幅畫中完全感受不到。而且，也沒有女性會在意男性的視線，不會用若隱若現的方式來展露自身的裸體。相互交談的人群除外，其他人看起來都十分專注於自身的世界中，並沒有人會一直盯著對方的裸體，大家的視線是放空的。即便他人的裸體遮蔽視線，視線也不會停留在肉體上，而是穿越過肉體。

然而，他們對於裸體毫無興趣的程度，以現代人的常識來看，完全無法想像。雖然當時至今已一百五十多年前，還是讓人感到懷疑，這樣的世界真的曾在日本存在嗎？

下田公共浴場的由來

之前提到過，這幅畫（以下統一稱為〈下田公共浴場圖〉）是在一八五四年（安政元年）所繪製的。提到一八五四年，很多人應該記憶猶新，因為在前年的一八五二年，美國海軍將領馬修・卡爾布萊斯・培理（Matthew Calbraith Perry）帶著菲爾莫爾總統的親筆信函，率領艦隊來到日本，從久里濱上岸，接著在一八五四年二月（西元月份，以下相同），培理為了取得日本幕府對於親筆信的回覆，再訪日本，結果日本與美國在該年簽訂《日美和親條約》。

培理離開日本回到美國後，將遠征日本的紀錄撰寫成正式文書，提交給美國政府，名為《美國海軍司令M.C Perry親身指揮，於一八五二年、一八五三年、一八五四年率領美國艦隊遠征中國海域與日本記》[2]（Narrative of the Expedition of an American Squadron to the China Seas and Japan.），報告書的標題相當長（之後統稱為《培理艦隊日本遠征記》）。此報告書的篇幅與格式，並非只是A4尺寸的數十頁，而是比A4大上一截的尺寸，總計三卷，各卷的頁數超過四百頁。此外，這本報告書不光只有文字記載，內含許多插圖，而其中的一張插圖就是之前介紹的〈下田公共浴場圖〉。

〈下田公共浴場圖〉的作者，是德國畫家威爾海姆．海涅（Peter Bernhard Wilhelm Heine）。海涅於一八二七年出生於德國德勒斯登，長年於德勒斯登藝術學院學畫，他曾參與德勒斯登革命，革命失敗後，於一八四九年移居美國。由於海涅具有優異的繪畫天分，他曾擔任外交官，獲派遣到中美洲，描繪當地的風俗民情與原住民，之後作為培理的隨行畫家，一同遠征日本。

為了紀錄當地的風俗民情，當時的海外遠征隊都有帶著畫家同行的慣例，並且將他們稱為隨行畫家。此外，海涅以隨行畫家的身分，三度來到日本，第一次與第二次為培理艦隊的成員之一，第三次是一八六〇年普魯士

圖序－2 普魯士王國遣日使節團

王國向日本派出的使節團，海涅也是其中成員。圖序—2為描繪當時使節團成員的畫作(3)，中排左邊留著落腮鬍，歪著頭感覺正在發呆的男子，就是海涅。

海涅身為培理艦隊的主要隨行畫家，大為活躍。當時遠征日本後所帶回的素描畫，多達四百幅。接下來讓我們再度檢視收錄於培理官方報告書中，由海涅所描繪的〈下田公共浴場圖〉。仔細地閱覽這幅畫，包含已經看過這幅畫數次的人，相信都會產生一種奇特與某種不舒服的感覺，並且還會有以下強烈的感受。海涅的畫，是否如實描繪幕末當時的公共浴場情景，也就是現在的錢湯呢？

浴場屬於公共場所，但男男女女毫不遮掩地公然混浴的光景，完全跳脫現代的道德觀念，這宛如是在另一個世界所發生的事情。換言之，以現代的常識來推斷，即便是距今一百五十多前年的江戶時代，男女在公共浴場混浴的行為，是不可能發生在日本。更直觀地思考，之所以會有以上的結論，是理所當然的事情。

那麼，可以再用邏輯性的方式來研究，在現代社會中，受限於公共浴場法以及各都道府縣的法令規範，原則上是禁止男女在公共浴場有混浴的行為。因此，假使是現代的錢湯，如同海涅所描繪的情景，若錢湯內的男女有公然混浴的行為，錢湯的老闆一定會馬上報警處理。再者，幕末時期的幕府，並沒有頒布類似現代的法令。不過若提到江戶時代，如同這句名言「男女從七歲開始，不得同坐於一張蓆子」（男女授受不親）所述，從長大懂事直到結婚的期間，有很多武士甚至從未跟家人以外的女性說過話。簡單來說，在江戶時代，武士得恪守男女不得輕易交談的習俗，更別說是混浴！因此日本是處於男女有別的保守時代。在這樣的時代風氣下，男女觀念開放，在公共浴場混浴，根本是難以想像的事，於是得出上述的結論。所以針對〈下田公共浴場圖〉來說，只要運用邏輯思考，相信都能獲得共通的結論吧！

這幅畫真的有反映現實？

如此看來，在腦海中頓時浮現以下的推測：〈下田公共浴場圖〉是提交給美國政府的官方報告書之插圖，因此海涅不可能全憑想像描繪這幅畫，理應根據部分事實所繪製而成。仔細推敲，有可能是特殊浴場，例如是遊廓（花街、紅燈區）所兼設的浴場，而被海涅當成公共浴場所描繪下來。

一旦對〈下田公共浴場圖〉產生類似的疑問後，就會發現畫中的景象有諸多不自然之處。仔細檢視這幅畫，撇開混浴不談，雖名為公共浴場，卻不見公共浴場應有的設備，例如從畫中完全找不到大浴槽，這可說是浴場最重要的設備。不得不說，若少了浴槽，就不能算是公共浴場的形式。此外，畫面後方的破風建築結構，到底有何含意呢？不確定是否為玄關，但在公共浴場裡頭，是否須要建造這類的建築呢？

先退讓一步，姑且不要深究這些細節，先當作海涅是在描繪一般的公共浴場吧！但就算下田的公共浴場是混浴的形式，也不代表全日本皆是如此。再退讓一步，如果當時日本全社會都把混浴視為是日常行為，那麼腦中又會開始浮現其他的想法……下田公共浴場的入浴者，完全不會在意異性的裸體，代表當時的日本人對於裸體的觀念，就與現代社會完全不同！這是最大的疑問。然而，現實社會真的存在類似的情形嗎？

本書以〈下田公共浴場圖〉為起始，仔細探究並思考以上的疑問。另外，在旁人面前露出裸體，被視為不道德等現代日本人的觀念，究竟是如何形成的？在之後的章節中將有詳細的論述。

第一章 這個國家毫無羞恥心嗎？

培理一行人所見到的日本混浴景象

在下田街道昂首闊步的美國人

培理艦隊於一八五三年（嘉永六年）暫時離開日本，一八五四年（嘉永七年）二月十三日，再次來到日本江戶灣浦賀沖。江戶幕府派遣擔任大學頭之職的林復齋等人，三月三十一日在橫濱與培理簽訂《神奈川條約》，條約中規定日本須開放港口讓美國商船通商，並向美國購買物資等內容。現在的橫濱開港資料館所在地，就是當時簽訂條約的地點。

《神奈川條約》的條約內容總共有十二條，例如「日美為永世友好之邦」、「為提供美國船隻物資補給，開放下田與箱館（函館）兩港口」、「兩國在簽訂本條約後，即刻開放下田港」、「若有美國漂流民，下田或箱館港口負責救助與引渡」等。在條約中所列的下田與箱館兩個開港地區，是由美方先行於當地視察，再訂定開放港口的細則條款。

培理艦隊的各艘船艦於四月中相繼從江戶灣駛往下田，培理搭乘樸哈坦號旗艦，並率領密西西比號於四月十八日凌晨四點出航，於當日下午三點十分抵達下田港下錨。首席口譯官衛三畏（Samuel Wells Williams）曾描寫當時對於下田的第一印象：「大約

於三點抵達下田港，港口景緻與海岸充滿變化，宛如一幅美麗的畫作，眾人不由得發出驚嘆聲。」(1)

培理一行人大約在下田停留四個星期，於五月十三日離開下田，前往箱館。接著，於六月八日從箱館再回到下田並上岸，之後為了決定開港地的開放區域與匯率等神奈川條約的細項，開始與江戶幕府交涉，並於六月二十日簽訂《下田條約》，這兩項條約通稱為《日美和親條約》。培理在下田待了一個星期左右，便從下田出航，從此未曾踏入日本本土。

培理一行人在下田停留約一個半月的期間，美國船員們雖然受到幕府官員的監視，但還是能漫步在下田街道。有人享受購物的樂趣，也有人為了採集鳥類標本而外出打獵。

威爾利特·史伯丁（Willett Spalding）為隸屬培理艦隊密西西比號的士官，他也在下田街上充分體驗購物的樂趣。

史伯丁寫道：「我指著想要購買的物品，用英文詢問老闆 How much? 結果老闆反覆地回說：『好，麻吉？』這時候他在腦中計算，從容不迫地伸出單手或雙手手指，單根手指大約為一百文錢，一千兩百文錢約等於一美元。」下田的商人雖然第一次見到外國人，但還是能理解外國人的語言。不過，他還描述：「選好想要的物品後，當下不用付錢給老闆，老闆會將商品寫上購買者的姓名，並將購買紀錄送到御用所（gayoshio）官員，加上稅金後再請客人支付總額。」(2) 看樣子，外國人在當時要購物也得費盡一番心力。

外國人所紀錄的下田公共浴場

培理艦隊的士官，三五成群漫步於下田街道，他們親眼目睹到某個光景，大為吃驚。不是別的，當然就是公共浴場的情景。根據《培理艦隊日本遠征記》的記載：「這裡的百姓十分懂禮儀，個性保守，但他們有一個令人感到驚訝的習慣，就是在公共浴場裡，男女毫無區隔地混浴，且毫不在意彼此的裸體。」報告書中還提到，美國人對於下田居民懷有極高的好感，但他們很難理解日本人在公共浴場的混浴習慣。「據推測這樣的習慣，並沒有普及於日本全國。事實上，跟我們較為親近的日本人，也是這麼說。」看來報告書的內容，還是有考慮到日本的立場。然而，報告書仍斷言：「身分較低的日本人，其道德觀念雖遠勝於其他東洋國家，卻是淫亂分子。」

此外，美國人對於混浴的批判，還變本加厲地撻伐春畫或豔本（色情書），並直接下了結論，認為日本人不僅淫亂，還是行為偏差之人，對自身行為應當感到可恥。「撇開這類的入浴光景不談，日本還有許多刊載猥褻圖畫的大眾文學，內容不堪入目，民間助長淫亂的風俗，在特定階層人士之間廣泛閱讀，無法無天的程度不僅讓人反感，也是代表日本人污穢且墮落的可恥烙印。」(3)由此可見，美國人對日本人採嚴厲譴責的態度。加上，上述的內文是出自於官方報告書中，是件令人感到沉重的事實。而且，與這些嚴厲的批判文字一同出現在官方報告書的，正為本章開頭所刊登的〈下田公共浴場圖〉。

然而，此報告書並非由培理本人撰寫，而是委託歷史學家霍斯（Francis Hawks）主筆，他根據培理所提交的書信、日誌等資料，並參考參謀長亞當斯（Henry A. Adams）中校、副司令康提（John Contee）上尉等人的日誌，在培理的監修下編撰與執筆。完成的報告書內容，第一卷為有關於遠征的紀錄，第二卷為博學，第三卷則是天體觀測圖，至於〈下田公共浴場圖〉則收錄於報告書的第一卷。

在下田街上享受購物之樂的密西西比號士官史伯丁，也曾在手記中提到他在下田所見的混浴風景：「日本人的宗教規定，信仰者必須淨身。然而，在此所發生令人厭惡且不道德的習慣，讓人難以撇開視線。在下田的公共浴場裡，各種年齡層的男女，居然在此公然混浴。」(4) 史伯丁的文字雖簡潔，卻與《培理艦隊日本遠征記》的記載皆有相同的語氣，都認為混浴是令人厭惡且不道德的習慣。

除了以上的記載，首席口譯官衛三畏也用嚴厲的態度，譴責日本人欠缺道德觀。他在五月九日的記載提到：「在我曾接觸過的異教徒中，就屬日本人最為淫穢，從我親身體驗之事來判斷，他們完全不知檢點，且厚顏無恥，如此描述絲毫不為過。」接著他還列舉出認為日本人最為淫穢的幾項理由：「日本婦女完全不遮掩胸部，走路時還會露出大腿。男人只用一條不長不短的破布遮掩下體，就這樣出門，他們完全不在意自己的穿著是否得體。」衛三畏所指用來遮掩下體的「不長不短的破布」，應該就是指「褌」（中國的兜襠布）。此外，他還繼續批評說：「男女共同以裸體之姿現身街頭，不在意世俗眼光，男女無別地進入錢湯混浴。這類淫亂的行為舉止、

春畫、猥褻之談等，庶民的劣等行為與思想表現，在此被視為家常便飯，越矩行為之嚴重程度，令人感到厭惡。」(5)

衛三畏之所以大肆抨擊，並非沒有道理，因為他是一位新教傳教士。在遠征日本前，他曾來到澳門傳教，對一位具有堅定信仰與保守道德觀念的新教傳教士而言，當他看到日本大街上滿是露胸的女性，以及只用不長不短的破布遮掩下體的男性，而且男男女女共同在錢湯混浴，相信這是令他難以容忍的情景。

然而，在上述的衛三畏的原文翻譯中，出現「錢湯」的字眼，但錢湯這個詞，在用法上很容易讓人混淆不清。錢湯就是支付費用後方可進入的公共浴場，起源於一五九一年（天正十九年），一位名叫伊勢與市的人建造了「錢湯風呂」，但伊勢與市所發明的錢湯風呂，屬於蒸氣形式的風呂。原本的「風呂」就是指蒸氣浴或熱氣浴。至於「湯」的日文讀音為yu，代表水浴或溫浴之意。換言之，「風呂」與「湯」為不同的入浴方式，在時代變遷下，成為同義詞。

江戶的錢湯風呂又名「洗湯」，也就是泡在浴槽的形式，在江戶時代歷經演進，此形式才逐漸定型。此外，在江戶時代，大多把「洗湯」稱為「湯屋」，日文發音為yuya。由此看來，錢湯是否真的就是蒸氣風呂，而湯屋是否就是泡在熱水的形式呢？不禁令人產生疑問(6)。是否在不久之後，就如同「風呂」與「湯」，變成同義詞了呢？

根據下田在地鄉土史家土橋一德指出，下田居民在長久以來，都將公共浴場稱為江戶的「湯屋」。他還提出，將下田的公共浴場稱為湯屋，才是合適的名稱，而非錢湯。即便如此，如同現代人耳熟能詳的超級錢湯等名稱，使用錢湯之名會比湯屋更為普及。因此根據以上的論述，在本書之後的內容中，改稱公共浴場一詞時，會使用錢湯，而非湯屋。

走羅馬風的下田公共浴場

在培理艦隊來到日本的隔年，也就是一八五五年（安政二年），美軍艦隊森尼斯號的士官哈伯沙姆（Alexander Wylly Habersham），也是親眼見證下田公共浴場風景的其中一人。他指出：「放蕩與厚顏無恥的風氣，傳遍整個日本。」對於日本風俗習慣感到憤慨的他，認為：「日本人是半文明化的東洋人。」並對此感到無能為力。他還指出：「有關於中等階層與下等階層的人們，似乎全無貞節觀念，就算有貞節觀念，也是微乎其微。」並就混浴來論述其理由。

「日本女性可以滿不在乎地與陌生人接觸，這是連中國人也不會做的事情。其中最為狂亂的行為，就是她們可以在公共浴場中，與異性一同泡澡。即使像是下田這種小地方，也有四間公共浴場，那裡的人們泡在放有熱水的大浴槽中，或是坐在浴槽旁邊的平台，讓身體接觸熱騰騰的蒸氣，接著走出浴槽，用手舀取水盆中的冷水，往身體淋上十二、三次，結束入浴。」

對於日本人入浴的習慣，哈伯沙姆還有以下的記述：「除了馬來西亞、南洋島國、信奉回教的國家等，在我所認識的民族中，日本人最愛乾淨。但是他們每天勤於清洗身體，並非是毫無意義的，其實都是為了增進健康。此外，日本人執著於清洗身體，是希望能洗滌千真萬確的惡行或污穢，讓心靈變得更為純淨。」(7)然而，即使透過泡湯來清洗身體，卻也無法完全洗淨日本人不守貞潔之處，這是哈伯沙姆的想法。

哈伯沙姆的著作《My Last Cruise》，記載自身的見聞，其中還有刊載下田公共

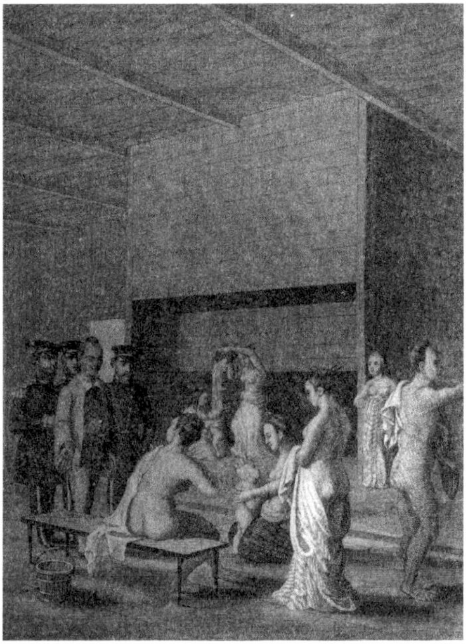
圖 1-1《My Last Cruise》的下田公共浴場插圖

浴場的插圖（圖1-1）。看到這張插圖，應該會比海涅所繪的〈下田公共浴場圖〉，讓人感到有更多的突兀與不對勁之處。首先是畫中的六名女性，外貌宛如希臘、羅馬風格的雕像，包括明顯的眼睛與鼻子輪廓、豐滿的胸部與臀部，怎麼看都不像是日本人。此外，束在腰部的服裝，很像是西洋的長袍，而非日本人的和服。畫面後方可見女性幫小孩淋浴的景象，但其姿態看起來還是偏西洋風，這難道是錯覺嗎？

還有畫面最右邊的裸體男性，他把衣服披在肩上，身體的肌肉發達，看起來也不像日本人。提到不像日本人的人物，還有畫中看似日本武士的男性，他站在三位外國人的前方，與坐在長椅的女性交談著，不僅是五官長相，連服裝也偏西洋風格。回頭的女性、哄著孩子的女性、看著母子的女性，無論是宛如時間瞬間靜止般的寂靜，或是看起來像是人偶的人物，這幅畫帶有超現實主義的風格。接下來，將目光放在畫中的建築，建築皆由木板所構成，後方為箱形構造，是最大的特徵。與海涅的〈下田公共浴場圖〉相同之處，在於挑高的天花板，地板鋪設正方形磁磚，中央有一道湯溝。從以上的特徵來看，都與海涅的畫作有雷同之處。

《美日修好通商條約》與混浴

一八五八年（安政五年）七月，美國首任駐日公使哈里斯（Townsend Harris），與江戶幕府簽訂《美日修好通商條約》，自從哈里斯初次踏上日本，已過了兩年的時間。同月的二十九日，美國與日本於停泊在江戶灣的美軍軍艦波瓦坦號上，簽訂了《美日修好通商條約》，海軍上尉約翰斯頓（James Johnston）身為副艦長，當時也在船上，而他看到下田的混浴風景時，同樣大感震驚。

在簽訂條約的隔天，約翰斯頓從神奈川海域進入，並在下田靠岸，來到街頭散步，他回憶起當時所見的情景：「在同伴的邀請之下，我來到下田街道，並親眼目睹日本的奇特設施，也就是公共浴場。從窗外窺探公共浴場內部，我的感官神經大受衝擊，眼前反覆出現至今所無法理解的光景。我看到歲數不同的男性、女性、小孩，一同在公共浴場混浴，所有人就像是拿掉無花果葉露出裸體的亞當與夏娃。」

約翰斯頓副艦長雖「震驚不已」，還是詳細地紀錄下田公共浴場的景象、入浴方式等內容，例如浴場為4.5×4.5公尺的四方空間，兩側設有放滿熱水的大型木頭浴槽等。此外，他還描述：「地板往中央傾斜，中央設有小溝，能流掉多餘的熱水。」我們無法從資料斷定，約翰斯頓副艦長親眼所見的公共浴場是否與海涅〈下田公共浴場圖〉所描述的浴場相同，但他所形容的「流掉熱水的小溝」，應該就是指〈下田公共浴場圖〉的中央湯溝，兩者有共通之處。浴場裡頭大約有十二位入浴者，「每個人都拿著小水盆，拚命地將熱水從頭上往身體淋。」淋浴時濺起水花，噴得到處都是。還能得知「赤裸的女性，正溫柔地清洗幼兒的身體。」

然而，約翰斯頓副艦長原本理性地觀察大眾浴場的景象，但不久之後終於無法壓抑自身的情緒。他寫道：「入浴者之中，有幾位年輕貌美的女性，體態婀娜多姿，相信這些年輕女性依舊保有身為女性的貞潔。但是，即便旁邊的船員們對於東方自然美投注好奇眼神，這些女性似乎對於暴露身體的不道德行為，完全不感在意。」約翰斯頓副艦長認為：「日本人並沒有意識到穿上輕裝來遮掩身體，是一件有禮儀的行為」，而且最終還吐露內心的真正想法：「真是奇怪的民族！在我遠征的經歷中，從來沒見過如此醜陋的光景，完全有別我之前對於女性貞節所抱持的觀念，其衝擊程度令我遲遲無法平復。」約翰斯頓副艦長最後只好選擇從「聰明機靈但令人厭惡的人間異常光景」(8)離去。他還在書中提到，也許是驚嚇過頭的原因，感覺自己雙腳發軟。

回到正題，江戶幕府於一八六〇年（萬延元年）派遣使節團前往美國，為了與美方互換《交換美日修好通商條約》批准書，這就是所謂的萬延元年赴美使節團。在派遣使節團時，幕府與美方交涉，希望美方能準備船隻護送使節團，針對幕府的請求，美國政府於是派了約翰斯頓副艦長所乘坐的波瓦坦號，載送日本正使新見正興、副使村垣範正、監察小栗忠順為首的赴美使節團，平安抵達舊金山。此外，日本還派出以日本人船員為主的船艦咸臨丸，航向舊金山，成員包括軍艦奉行木村喜毅、副艦長勝海舟等人。

外國人對於沐浴的偏見

暫且不提幕末時期來到日本的外國人，當他們親眼目睹日本人的混浴風景時，著實大吃一驚的景象。不過，若想要了解其吃驚的程度如何，就得從當時的外國人，尤其是西方人對於沐浴的觀念來加以理解。

首先是對於裸體的觀念。以英國為例，由於正處於維多利亞時代，當時的英國人視嚴格的社會規範與高雅禮俗為信條。在這個時代，若在眾目睽睽之下裸體，會被視為是相當嚴重的脫序行為，例如會有男性因初次看到新婚妻子的陰毛而感到驚訝；甚至還有婦人會刻意用迷你裙包覆鋼琴琴腳，以避免彈奏時露出腿部線條等(9)，由此可見裸體被視為社會的禁忌。此外，與英國同樣有許多新教徒的美國，對於裸體的觀念也沒有太大差異。因此，當這些外國人看到他人裸體，甚至是男女混浴的景象時，一定會感到驚訝。

加上，西方人對於入浴的觀念，與當時的日本完全不同。古代的歐洲也盛行入浴的習慣，而且也有混浴，但從中世末期開始，因鼠疫蔓延，老百姓之間盛傳「熱水會造成皮膚產生龜裂，並讓跳蚤進入體內」(10)的迷信說法，這也導致原本街上門庭若市的大眾澡堂銳減。此外，人們還深信入浴會讓體力衰退，因此入浴變成「罕見的生活習慣」。根據史料指出，「十八世紀末的天主教國家，大部分的女性畢生從未洗過澡，就此終其一生。」(11)簡直令人難以置信。在日本的幕末時期，也存在著類似的偏見。即使到了一八九七年，據說有許多法國女性一輩子從未洗過澡。

那麼，西方人是如何維持身體清潔呢?答案是用乾布擦拭身體，並定期更換乾淨的內衣褲，他們認為只要確實做到這兩件事，沒有洗澡也沒問題。曾受雇於明治政府的語言學學者貝西・霍爾・張伯倫（Basil Hall Chamberlain），曾在著作中寫道：「歐洲人在挑日本人的毛病時，往往舉出『日本人在泡過澡後，還是會穿上髒衣服』。傳統的日本人，並不像歐洲人會每天更換內衣褲。下層階級的平民，經常清洗身體，大力地搓洗著，但他們寧可放任衣物沾滿灰塵髒污，也不願讓身體有髒污，這是令人難以想像的事情。」(12)究竟是經常在洗澡後還是身著髒衣服，或是不洗澡僅更換乾淨內衣褲，哪種方式較為衛生呢?

圖 1-2　以沖冷水澡的方式提高軍隊士氣

不過到了十九世紀，歐洲人對於入浴的觀念產生些微變化，很多人開始深信要清潔身體「得充分利用流水來清潔」[13]，因此開始在河川旁建造淋浴設施，發明淋浴的方式。以法國士兵為例，早期為「一年之中有八月的時間，身體沒沾過任何一滴水」，但是「到了一八八九年，士兵每個月可以沖兩次澡」[14]。其沖水的姿態如圖 1-2，於是他們慢慢養成用水沖身體的習慣，但都不是泡熱水澡，僅僅用冷水沖洗身體而已。

對於日本人而言，他們對於外國人沖冷水澡的習慣，尤其是在寒冷季節時沖冷水澡，同樣感到驚奇。曾致力於締結《日本國美利堅合眾國修好通商條約》的哈里斯寫道：「日本人看到我沖冷水澡的情景，大吃一驚，因為溫度計顯示，今天早上的溫度為56度。」[15] 他所提到的溫度為華氏單位，約等於攝氏13.3度，若以他身處的下田市來看，大約是三月左右的氣溫。若是筆者居住的神戶，四月上旬的單日最高氣溫，大概也是類似的溫度，雖然並非嚴寒，但在這個櫻花盛開乍暖還寒的季節，用冷水沖洗身體還是會感到發冷。

反之，外國人看到日本人泡熱水澡的景象，也會充滿好奇，而且他們認為此舉有礙健康。幕末時期，將西洋醫學傳入日本的荷蘭海軍軍醫龐貝（Pompe van Meerdervoort），曾提到日本人泡澡的弊病有三，包括入浴次數過多、熱水溫度過高，以及入浴時間過長。他寫道：「水溫之高，甚至是連手觸碰都會覺得燙的程度，攝氏50度稀鬆平常，有時甚至還會超過50度。看到日本人從浴池走出來的姿態，就宛如煮到紅通通的蝦子。在如此高溫的浴池中，日本人大多會泡個十五到三十分鐘。」[16] 攝氏50度的水溫的確是蠻燙的，但當時的外國人，不僅對於日本男女公然混浴的道德觀念甚為不解，也對於泡在熱水中的入浴習慣感到吃驚。

滿不在乎裸體的日本人

描繪〈下田公共浴場圖〉的海涅，當他目睹日本人泡湯的情景時，其驚嚇程度更甚龐貝。他描述：「這裡的居民每天都會洗澡，有錢人的家裡都設有浴池，窮人就只好去公共浴場。每個人洗澡時都把身體泡在頗為溫暖的熱水中，正確來說是泡在極燙的熱水裡，因此他們的皮膚顯得十分粗糙。」他還實地觀察日本人家中的浴池，也就是泡在澡盆的景象，並表示：「我看到這一幕驚嚇過度，一瞬間呆然若失。」

「在一開始的時候，我無法推測他們在做什麼。首先，看到他們坐在碩大的木桶裡，裡頭放滿熱水，木桶冒出大量蒸氣，入浴者身體發紅，宛如煮熟的螃蟹。木桶下方燒著柴火，另一位男性勤快地在旁燒著柴火。」海涅還將泡在木桶裡的人比喻為「如同西方中世紀之前的聖人殉教行為」。他記載：「我完全不敢把手放在裡面超過一分鐘，對於這種入浴習慣，用烹煮活人來形容應該更為貼切。」(17) 對於第一次見到用木桶入浴的海涅而言，這種形式感覺就像是在拷問人犯。然而，即使身體就像是煮熟的螃蟹般泛紅，日本人依舊若無其事，如此的景象給予海涅極大的震撼。

隨著時代變遷，到了明治時期，也有和海涅有相同想法的外國人。德國的採礦與冶金指導技師內特（Curt Adolph Netto），他受明治政府的聘請擔任講師，於一八七三年（明治六年）到一八八五年（明治十八年）期間待在日本。根據內特記載：「日本人習慣泡在約45度的熱水裡。」他的描述方式比龐貝保守些，但也將日本人的入浴習慣比喻為殉教：「這種水溫，會讓歐洲人想起早期基督教徒被迫害的時代。」[18]對於外國人而言，日本人泡熱水的入浴習慣，已超越不可思議的程度，而且被視為一種恐怖的行為。

話題回到海涅。除了泡在熱水的習慣，海涅還看到其他令他感到吃驚的景象。他目睹泡在熱水裡的男性，完全不在意自己在場，直接以裸體之姿從木桶走出來，也未見對方感到絲毫的害羞，並開始用毛巾擦拭身體。海涅提到：「我看到泡完湯的男性，似乎感到全身舒爽，他看到我在場，完全沒有害羞的神色，在洗完身體後，他便赤裸裸地走出，用乾毛巾擦拭全身。」[19]換言之，用奇特的木桶放滿熱水，將身體泡在熱水裡的入浴方法，以及在他人面前袒裎相見也毫不在意的日本人，這兩點是讓海涅大為震驚的主因。

接著，要繼續探究海涅目睹下田公共浴場時的想法。「多人陸續進出並使用浴槽，浴場屬於共用的性質，在此不分男女老少，混處一室，唏唏嗦嗦地蠢動著。」有關於混浴的見聞，海涅僅如此記載，內容相當簡潔。他將泡在浴桶的行為比喻為「聖人殉教」，吃驚不已。但是對於公共浴場的混浴，他並不像是其他訪日外國人般，表達反感之意，或有批判日本人不道德的想法。

另一方面，就如同目睹自家浴池的風景，當海涅看到日本人對於裸體毫不在意的程度，其震驚的心情難以克制。「當這群裸體的百姓看到外國人進入浴場，不僅完全沒有嚇到，而是半開玩笑地大聲嚷嚷。據我觀察，他們之所以大聲喧嘩，是因為有位外國人進入公共浴場，其中的一兩位女性見狀，慌忙地跳進浴池，濺起大量水花；或是如同麥第奇家族畫師所描繪的《維納斯的誕生》，採取用手遮掩胸部的姿勢所致。」[20]根據海涅描述，即使看到外國人闖入，日本人也只是用開玩笑的方式大聲嚷嚷，完全沒有被嚇到，倒是他自己反而被嚇個半死。

不過，上一段所引用的文章，是出自海涅所編撰的培里艦隊日本遠征紀錄之《海涅環遊世界之日本紀行》（Reise um die Erde nach Japan）。這本書也跟《培理

圖 1-3　另一幅下田公共浴場圖

艦隊日本遠征記》相同，都有收錄〈下田公共浴場圖〉（圖1-3），各位可以將此畫與序章的圖序—1相對照，兩張畫看似相同，但觀察細節，就會發現微妙的差異。

先檢視整體畫面，《培理艦隊日本遠征記》的下田浴場畫，畫風略顯生硬；而《海涅環遊世界之日本紀行》的下田浴場畫，畫風顯得柔和許多，這也許是版畫技法所產生的差異性。此外，仔細比較兩幅畫的人物表現，可看出《海涅環遊世界之日本紀行》裡頭的〈下田公共浴場圖〉，女性的五官輪廓較立體，尤其是最前排的女性，左手邊第二位女性，如實顯現出畫風特徵，與其說是日本人，反而更像是西方女性的外貌。雖然不是要各位玩猜猜看哪裡不一樣，但還是能明顯看出不同之處。請看最後方右邊的人物，《培理艦隊日本遠征記》為女性，但《海涅環遊世界之日本紀行》就變成男性，推測這應該是兩幅畫的製版者不同，所產生的失誤。

姑且不論繪畫的正確性，我們看到許多外國人對於下田公共浴場的記述，最值得注意的是曾親眼見證公共浴場光景的外國人，其記述有共通之處。

「各種年齡層的男女，居然在此公然混浴。」（史伯丁）

「我看到歲數不同的男性、女性、小孩，一同在公共浴場混浴。」（約翰斯頓）

「赤裸的女性，正溫柔地清洗幼兒的身體。」（約翰斯頓）

「在此不分男女老少，混處一室，唏唏嗦嗦地蠢動著。」（海涅）

另外還要再次提到哈伯沙姆著作《My Last Cruise》裡的插圖，包括替小孩淋浴的女性，以及扶著小孩的肩膀，撫摸小孩頭部的女性等畫中景象。

我原本的疑問之一是，海涅畫中的場所並非是常見的公共浴場，而是特殊場所裡頭的浴場。然而，從以上的描述來看，如同字面所見，下田公共浴場的確是公共的浴場，並非為遊廓所兼設的特殊浴場。因此，海涅所描繪的下田公共浴場，是任何人都能進入並使用的正常場所。

可見破風的建築之謎

再者，海涅所畫的插圖，雖為公共浴場，卻不見大浴槽，這也是必須解開的謎題之一。其實沒有畫出大浴槽是有其理由的，但在此仍先探討海涅所描繪的破風建築結構。在哈伯沙姆著作裡的插圖，可見由木板鋪設而成的方形建築，此建築稱為「石榴口」[21]。進入石榴口，即可看到浴槽，由於浴槽位於建築內部，因此才沒有被海涅畫出來。

為了方便比較，首先檢視一下當時由日本人所繪製的石榴口插圖。這幅插圖出自江戶後期的戲作者（戲作為是江戶時代後期的通俗小說類之總稱）與浮世繪師山東京傳，於一八〇二年（享和二年）發表在黃表紙上的《賢愚湊錢湯新話》（圖1-4）。透過插圖可見，石榴口上方的破風樣式，別有一番匠趣。之前提過，破風是日本建築中裝設於山形牆上的人字板或附屬建物的總稱。

此插圖中的破風，最大特徵在於破風下方的木板，繪有唐獅子牡丹圖。此外，上方掛有注連繩；這是因為畫師作畫的時候，剛好正逢新年時期。石榴口的左柱寫有「今年逢靜謐

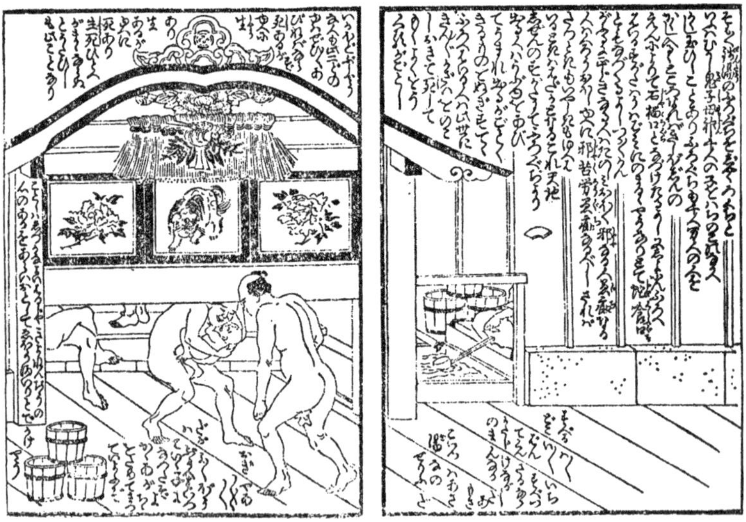

圖 1-4　《賢愚湊錢湯新話》插圖的石榴口

良春，在此洗滌一整年的心靈污穢後，前往吉祥方位拜神吧！」另外，還要特別留意在唐獅子牡丹隔板下方，一邊彎腰一邊進出石榴口的男性，右邊留有髮髻的男性，一邊說：「地板好滑啊！小心走。」一邊鑽進石榴口。至於另一邊的男性抱著大哭的小孩，哄著小孩說：「福寶剛剛洗澡時很乖喔！媽媽擠好奶等你喔！」走出石榴口[22]。很明顯地，這兩人為父子關係。如同這位父親所說，他手抱的「福寶」剛從浴槽泡過澡。

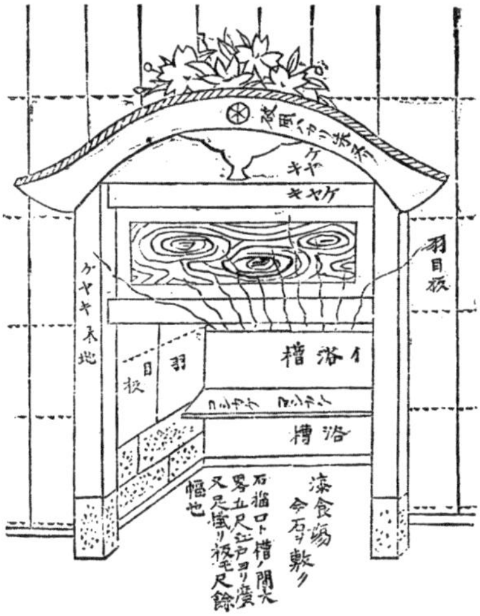

圖 1-5　上方樣式的石榴口

接下來看看另一張插圖（圖1-5），此插圖源自於喜田川守貞從天保年間（一八三〇年～四四年）起，花費三十年的時間撰寫而成的百科全書《守貞謾稿》（之後別名《類聚近世風俗志》），透過大量插圖與解說文字，詳加介紹江戶時代的風俗。從插圖可見上方樣式的石榴口，只有破風被漆成紅色，其他部位維持原有木頭紋路。破風裝有懸魚構造，下方用護牆板固定，延伸至開口部位。後方可見「浴槽」文字，浴槽上方的線條應該是熱水的蒸氣。浴槽中央為乘坐邊台，前面《賢愚湊錢湯新話》的插圖中，也可見到坐在邊台上翹著二郎腿的入浴者。

接下來要將以上兩張的石榴口插圖，與海涅畫作的細部圖（圖1-6），比較其中的差異。從奢華感來看，《賢愚湊錢湯新話》的石榴口略勝一籌，但可看出海涅所畫的也是同類型的建築，破風的形狀與《守貞謾稿》的破風極為類似，海涅也有畫出破風上面的裝飾構造。此外，將目光放在石榴口下方，可見海涅栩栩如

圖 1-6　海涅所描繪的石榴口

生地描繪出鑽進石榴口的人物。再觀察石榴口的內部，可見中間的人物單腳靠著乘坐邊台，感覺要跨過邊台；左邊的人則是採跪姿，雙膝靠著邊台。無論是海涅所描繪的鑽進石榴口的人物，或是浴槽的邊台，他所描繪的石榴口，都與《賢愚湊錢湯新話》及《守貞謾稿》的插圖有相似之處。

講點題外話，為何此建築稱為石榴口?在江戶時代說法眾說紛紜，無法定論真實的語源。有此一說是客人進入石榴口時，因背部蜷曲的姿勢，看起來像是被蛇吞噬的模樣，因而將此入口稱為「蛇喰口」。

另一說則與鬼子母神有關，因鬼子母神將一千名孩子藏於腹中，而風呂口也能容納多人，於是引鬼子母神之淵源，將風呂口稱為石榴口。取名為石榴的原因，是因為鬼子母神為果神王之妻，擁有一千名小孩，但祂以殺害人類的嬰兒為食。釋迦牟尼佛見狀，便把鬼子母神的小孩全部帶走，以示懲罰。鬼子母神受到佛祖慈悲教化，從此悔改向善。相傳石榴果實的味道近似人肉，百姓通常會拿石榴祭拜母子鬼神。此外，有此一說是石榴口是源自「邪苦勞愚痴」的諧音，誠實之人會獲得快樂，而邪惡之人或愛發牢騷（愚痴）者，會經歷許多辛苦的事情。以上為《賢愚湊錢湯

新話》中山東京傳所論述的石榴口之由來。(23)

另一方面，《守貞謾稿》對於石榴口名稱的由來，與山東京傳的說法不同。《守貞謾稿》的解釋：「石榴口的語源為 zakuro huro，zakuro huro 是源自於擦拭鏡子的名稱。」當客人想要進入石榴口內部的浴池時，得從破風下方「屈身進入」，因此石榴口與「屈身入口」同意。「屈身進入」與「鑄鏡」（擦拭鏡子）同音，而古代人要擦拭鏡子時，必須使用石榴汁才能擦拭乾淨，因此鑄鏡與屈身進入便演變成為石榴口的名稱。以上的解釋都很有道理，但似乎偏離本書的主題了。無論正確的說法為何，有關於石榴口的由來，至今尚無定論。

石榴口內部是怎麼樣的情形？

雖然海涅沒有畫出石榴口內部，但還是要研究一下內部結構，透過插圖應該就能快速了解（圖1-7）。這是《賢愚湊錢湯新話》的另一張插圖，由於在插圖右下角可見木桶，右側的牆壁應為石榴口的內側。牆上寫有：「早上泡湯，身體會感到刺痛，代表從早上開始就要努力扛起家業。」等文字。此外，以下是石榴口入浴者的幾句對話內容。

「我沒有家室與宗門，且身無分文，抱歉啦！」

「熱水真的有夠燙，就像是十六小地獄的銅壺蓋，或是身處在不動明王的背後。」

「這熱水非同小可啊！我要往生到極樂世界了，南無阿彌陀佛，南無阿彌陀佛。」

「無法忍住淚水，戀愛是女性嗔怒的種子。」

「我與阿蘇大宮司始祖友成有血緣關係。」(24)

看得出來每個人都在瞎聊一通，浴槽空間狹窄，在某些時間會擠進一大群人。幕末時期的儒學家——寺門靜軒，於一八三二年（天保三年）至一八三六年（天保七年）所刊行的《江戶繁昌記》，裡

圖 1-7　石榴口內部景象

頭寫道：「混浴如同大雜燴，頭部會碰到別人的陰囊，屁股頂在別人的額頭上，背對背相互磨蹭，腳與腳糾結在一塊。」(25)

石榴口內部昏暗，加上蒸氣瀰漫，難以看清周圍情形。「直到明治十七、八年左右，在東京市區的幾間湯屋裡，進入浴池的入口通稱為蛇喰口，入口有圖畫裝飾，要泡湯得先鑽進蛇喰口，接著踏上踏板，從踏板進入浴池，（筆者註：身體）泡進浴池裡。正因為設有蛇喰口的緣故，浴池顯得黑漆漆一片，加上蒸氣瀰漫，實在難以辨識誰是誰。可以在裡頭哼著義太夫、清元、都

圖 1-8　石榴口內部的混浴景象

都逸、Tocchiri等小調，唱功不佳也無所謂，反正沒人看得到你。到了晚上，點亮蠟燭，視野稍微朦朧，依稀可辨識他人的臉孔。」(26)這是明治到昭和時代的前《報知新聞》記者篠田鑛造，透過地方耆老口述早期故事，所整理出來的報導。也許是入浴客人遠多於浴槽所能容納的人數，加上室內昏暗，才會屢次發生靜軒所形容的「頭部會碰到別人的陰囊」之意外。

此外，圖1-8為山東京傳《豔本枕言葉》的插圖，裡頭同樣描繪石榴口內部的景象，而這張插圖的主題為男女混浴。圖中可見有一對男女正在接吻，女子說：「你如果都在這個時間來這裡，我們剛好就會相遇。」另一位被男性撫摸私處的女性，用威嚇的語氣說：「誰用手摸我的下體，給我滾出去！」(27)這原本是刊登於豔本的插圖，實際上是否真的有類似的情形，我認為其實不用過度認真思考。

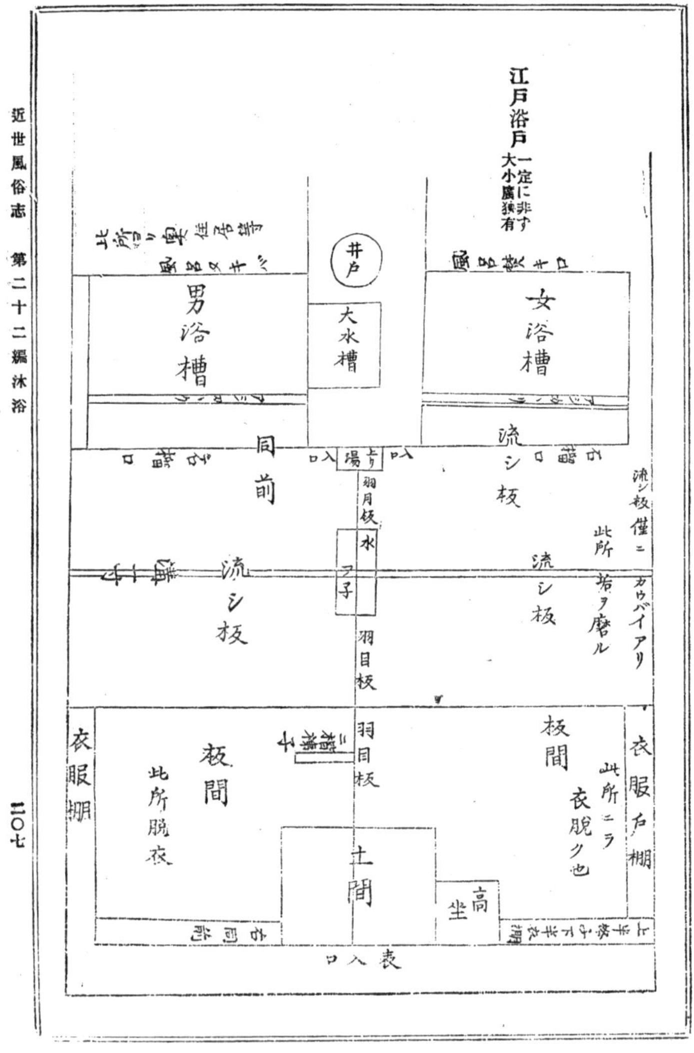
近世風俗志 第二十二編沐浴
二〇七
江戶浴戶
一定に非す大小廣狹有
井戶
男浴槽
大水槽
女浴槽
流シ板
前
流シ板
羽目板
水
子
流シ板
流シ板
此所垢ヲ磨ル
羽目板
板間
此所脫衣
板間
此所ニテ衣脫ク也
衣服棚
衣服戶棚
羽目板
土間
高坐
表入口

圖 1-9 江戶浴場平面圖

如實描繪實際情形的海涅

接下來，有關於當時更衣間與洗浴場的景象，還要與〈下田公共浴場圖〉所呈現的樣貌，做相互比較。《守貞謾稿》有收錄當時的公共浴場平面圖（圖1-9），從浴場入口踏入土間，在高坐（番台，接待處之意）付錢後，木地板架高處為更衣間，從更衣間到洗浴場、石榴口、石榴口內部的浴槽，為一體相連的結構，這與海涅所描繪的〈下田公共浴場圖〉相同。

木地板的左右兩側與入口側的牆面，設有置衣櫃（衣服棚）。《守貞謾稿》以圖文的方式，介紹三種不同的置衣櫃，第一種是單門板附鎖頭的置衣櫃，就跟現代錢湯常見的置衣櫃類似；另外還有雙門板式置衣櫃，以及沒有門板的格子狀置衣櫃。至於江戶時代的大眾浴場，大多採沒有門板的置衣櫃形式，從〈下田公共浴場圖〉所見的置衣櫃也是如此。

更衣間與石榴口之間為洗浴場，提到洗浴場的地板結構，江戶大多為木板、大坂則是石地板。此外，從平面圖可見洗浴場中央為「溝一寸」的寬度一寸（約3公分）湯溝，另外從平面圖右邊可見「流水地板具輕微斜度」的文字。換言之，連同更衣間與石榴口，洗浴場的地板是往中央的湯溝傾斜，這樣的設計當然是為了排掉溢出的熱水，因此湯溝屬於排水溝的作用。

前述的《賢愚湊錢湯新話》也有描繪客人在洗浴場清洗身體的景象（圖1-10），像是坐在浴桶上聊天的男性、剃頭的男性、用毛巾刷背的男性等，右邊幫別人沖身體的男性，應該就是「三助」（提供幫客人搓洗身體和沖洗頭髮等服務的職稱），這與我們所認知的錢湯風景並無太大差異。不過，各位讀者可以留意插圖中央，右邊牆壁的下側，

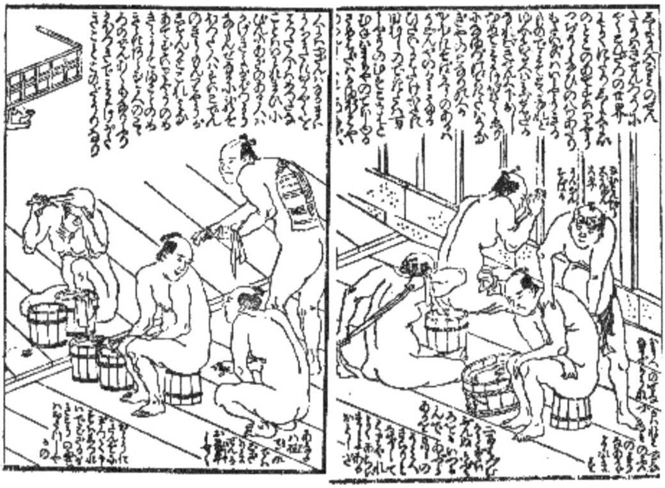
圖 1-10　清洗身體的客人

可看出地板往中央傾斜的狀態，宛如是《守貞謾稿》平面圖的立體版插圖。

看完以上的插圖後，不妨再次檢視海涅的〈下田公共浴場圖〉，首先留意一下洗浴場的男女（圖1-11），就會發現這群人們在浴場裡頭的景象，與《賢愚湊錢湯新話》的插圖非常類似。

此外，針對洗浴場的景象，海涅還有以下的描述：「浴客會用很小的水盆盛裝熱水，蹲坐在用石頭鋪設的地板上，用熱水沖身體，接著進入浴池泡湯。溢出的熱水會沿著地板中央的樋溝向外流出。」(28) 從海涅的描述

圖 1-11　洗浴場的客人與傾斜的地板

可得知，下田公共浴場的地板，使用的是切割後的石板。〈下田公共浴場圖〉的更衣間，也是與洗浴場地板相同的圖案，因此地板並非木板，而是石板。前述的鄉土史家土橋一德指出，下田的公共浴場，自古以來便使用伊豆石，這是因為下田為伊豆石的產地。因此，海涅所見的下田公共浴場，地板會鋪上伊豆石，也不足為奇。

橫切過浴場中央的湯溝與傾斜的石地板，也是值得留意之處。左邊的男性朝向中央的湯溝，坐在地板上，可明顯看出石地板往中央傾斜。右後方的五位女性也一樣，她們的腳下到中央湯溝的石地板，也是傾斜的結構。海涅所描述的「溢出的熱水會沿著地板中央的樋溝向外流出」，所謂的「樋溝」，就是指排水用的湯溝。

此外，有關於下田公共浴場地板傾斜之處，曾對於日本人混浴情景大為震驚的約翰斯頓副艦長，也曾提到：「地板往中央傾斜。」也就是說，下田的公共浴場如同《守貞謾稿》所記載的「溝一寸」、「流水地板具輕微斜度」，同樣鋪設傾斜式石地板，而海涅如實地畫出這些細節。

比對日本的相關資料後，就會了解到海涅所畫的〈下田公共浴場圖〉，的確如實地描繪出當時浴場的景象。石榴口的外觀當然不用說，就連石地板、排水溝、傾斜的地板、置衣櫃等，其各處細節的還原度相當高。

海涅描寫人物的功力也毫不馬虎，包括鑽進石榴口的男子、雙膝靠著邊台的人物，以及正在洗浴場使用木頭浴槽的人物等，其姿態都極為寫實。

由此推測，海涅描繪出日本人對於異性裸體毫無在意的景象，是根據事實所描繪的可能性極高。無論是正在清洗身體絲毫不在意男性視線的女性，或是毫不遮掩下體採雙臂合攏姿勢的男性，絕非海涅所虛構的景象，如此思考似乎合乎邏輯。

不過，為了避免妄下定論，我認為還是得一邊研究當時的入浴風俗，並慢慢地解開日本人的裸體觀念。

第二章 日本全國都有混浴的習慣？

幕末維新時期的入浴實態

混浴是否真為日本全國的習慣？

看完前一章的內容，我們終於發現，海涅所畫的〈下田公共浴場圖〉並非為特殊浴場，而且他也忠實地將當時的公共浴場景象加以描繪出來。因此，海涅筆下的公共浴場混浴，有極高的可能性是他親眼所見，並如實地描繪成圖。然而，即使釐清海涅畫作的真實性，還是存在許多疑問之處，就算他所描繪的下田，確實有混浴的習慣，但不代表整個日本都是如此。如果混浴真的存在於全日本，也只是特定地區的習俗，很難就此論述日本人的裸體觀念。

有關於這點，相當令人苦惱，因為有許多史料可證實，混浴並非為日本全國的共通風俗習慣。

首先為前一章介紹的《守貞謾稿》，其中的「江戶浴場平面圖」（圖1-9），仔細檢視平面圖，應該就會發現男湯與女湯之間隔著「羽目板」，如果浴場為混浴的形式，根本就不須要架設羽目板。此外，還要回顧一下《培理艦隊日本遠征記》的記載，裡頭寫道：「據推測這樣的習慣，並沒有在日本全國普及。事實上，跟我們較為親近的日本人，也是這麼說。」還有前述的《賢愚湊錢湯新話》，插圖中的入浴客，全部都是男性。另外還有式亭三馬的《浮世風呂》，據說其創作靈感源自於京傳的《賢愚湊錢湯新話》；《浮世風呂》由四篇構成，其中前篇與第四篇為男湯之卷，第二篇與第三篇為女湯之卷，式亭三馬以詼諧的文筆，描寫客人在男湯與女湯內的對話內容，但完全看不出有任何混浴的景象。

此外，寺門靜軒的《江戶繁昌記》（前一章有介紹部分內容）也有提到：「無論是混堂、湯屋，或是風爐屋的名稱，空間廣闊或狹窄，沒有一定的格局形式。將整個建築隔開，浴場分為兩邊，男女有別。」[1]裡頭還寫道：「聽聞過往有男女共浴行為，環境雜亂不堪。賢執越公（筆者註：松平定信）主政，頒布法令，禁止男女混浴。此舉令人景仰，現代人能在分隔的湯屋中沐浴，都得感念前人恩德。」[2]

如同靜軒所述，松平定信於一七九一年（寬政三年）所推動的寬政改革，其中包括「男女入込湯停止」（禁止男女混浴），漢字「入込」，日文讀音為 i ri go mi（いりごみ）或 i re go mi（いれごみ），但也會有 i ri ko mi（いりこみ）或或 i re ko mi（いれこみ），也就是濁音的 go 與非濁音的 ko 之差異。

《日本國語大辭典》（小學館）將 i ri go mi 與 i re go mi 列為詞彙，根據該辭典的解釋，前者也可讀為 i ri ko mi，後者可讀為 i ri go mi。《廣辭苑第五版》（岩波書店）則列出 i re ko mi、i re go mi 和 i ri go mi 三個詞彙與文字解說，但沒有看到 i ri ko mi 的解說。

另外，《江戶語大辭典》（講談社）將 i ri go mi 與 i re go mi 列為詞彙；《東京弁辭典》（東京堂出版）僅將 i re go mi 列為詞彙，並解釋可將 i re go mi 讀為 i re ko mi。從以上的解釋來看，「入込」的發音各有不同，硬要列出《江戶語大辭典》與《東京弁辭典》時，能看出東京一帶都以 go 的濁音為主。

混浴禁止令的內容包括：「舉出的男女混浴場所，以近郊城鎮居多。」「無論是場所性質或近郊城鎮，都應嚴禁混浴。」[3]之後的法令也有同樣陳述。在寬政改革約十年後，一八〇三年（享和三年），江戶幕府用「男女混浴，是絕對不容許的行為」[4]等嚴厲的文字，嚴禁混浴。水野忠邦所推動的天保改革（一八四一～四三年），同樣也嚴禁混浴。

屢次提及的《守貞謾稿》寫道：「據記載，幾年前的江戶錢湯為男女混浴的形式，並沒有將男女隔開，到了松平越中守掌權時期，發布男女分開不得混浴的法令，從寬政改革後，便禁止男女混浴。」[5]另一方面，大坂的錢湯為「京都、大坂自古以來都是男女混浴，無分隔浴槽，而是共浴一槽，頒布天保府命後，改為男女分槽。」[6]

另外，從浮世繪所示的男女分隔公共浴場圖，強力證明混浴並非為日本全國的風俗習慣。圖2-1為其中一例，這是活躍於江戶中、後期的畫師鳥居清長所畫的作品複製畫，畫中可見八位女性與一位小孩，背景為石榴口，其中一位女性把腳放在浴槽邊台，只能看到她的下半身，畫中完全沒有任何的男性。

圖 2-1　鳥居清長所描繪的女湯

圖 2-2 英國人所臨摹的公共浴場圖

接下來要看圖 2-2，畫作內容有些特殊，這幅畫出自一八六七年（慶應三年）所出版的著作(7)，作者為英國海軍中尉西爾弗（J.W.W.Silver），他是隸屬英國海軍陸戰隊的英國陸戰隊指揮官，藉由實地探訪日本的過程，詳加記載日本的生活習慣。根據歷史學家吉田光邦描述，西爾弗在外派日本期間，收藏許多浮世繪作品，並且「在回國後，將浮世繪交給英國的石版畫家，請畫家描繪複製畫。」(8)本頁的插圖就是其中一幅多色石版刷圖版，但很可惜地無法的得知原畫繪師的身分。這張圖畫的也是女湯，左邊身穿和服的男性，是負責舀熱水的伙計，名為「湯汲男」，並非入浴客。不過，上一頁鳥居清長與本頁的畫作，其石榴口與海湦所描繪的石榴口，形狀有所差異。這裡的石榴口屬於江戶樣式，外觀近似鳥居，特徵為漆上海千鳥等華麗裝飾圖案。

從以上男女分浴的公共浴場實例來思考，就不禁讓人推論，混浴應該是下田等特殊地區才有的風俗習慣。不過，在此還是不要太快下結論，若要解開真偽，還是得參考當時造訪日本的外國人所撰寫的資料，相信可成為有力的論證。《培理艦隊日本遠征記》也是如此，當時這些外國人在接觸到「未知的日本」之異國文化時，對於日本與自身國家的文化差異性大感驚訝，因而將本人的見聞紀錄下來。對於日本人而言，由於這些風俗習慣再稀鬆平常不過，並不太會特地記載成文字內容；但只要是外國人感到好奇的事情，被紀錄下來的可能性極高。就以上的角度來看，只要是外國人所留下的記載，對於重新建構過往時代的風俗習慣，是極為有效的手法。尤其是在考察當時日本人的入浴習慣，進而思考裸體觀念時，也適用此手法。

外國人於幕末至明治時期所記載的日本見聞，隨著時代變遷而產生幾種特徵。首先，是培理登陸日本後到橫濱開港之間的時期，這個時期有許多各國使節團來到日本，與幕府簽訂通商條約，因而留存官方的遠征紀錄，或是團員以私人名義記載的日記與著作。前者以《培理艦隊日本遠征記》為代表，而海涅與衛三畏的紀錄則屬於後者。此外，在培理來到日本之後，日本出現眾多使節團，例如我曾在序章提到的普魯士使節團，以及英國或瑞士等國家使節團，官方與私人都有留下相關文字記載。

接著是橫濱開港至明治維新的時期，在這個時期有許多派駐日本的外交官，也都有留下文字記載。知名人士包括英國駐日大使阿禮國（Rutherford Alcock）、獲譽為比日本人更了解日本的英國外交官薩道義（Ernest Mason Satow），以及前面提到的美國首任駐日公使哈里斯等。此外，像是來日本傳教的傳教士，與日本貿易交流的民間貿易商等，亦有文字紀錄，還有前往未知國度日本尋訪的旅行家與冒險家，都是從這個時間開始記載自身的見聞，並公諸於世。

最後為明治維新之後的時期，這時候有許多旅行家或冒險家，刊載許多日本紀行文章，另外還有所謂的公聘外籍講師。這群外籍講師大舉來日，將他們眼中所見記載成文字，其中的代表，就是發掘大森貝塚遺跡的艾華・摩士（Edward

Sylvester Morse）。接下來將舉出相關的文書，並參考文書的撰寫地區或時代，驗證這些外國人所見的日本入浴習慣，其中包含下田以外地區的風俗民情。

英國使節團所見的江戶湯屋

一八五八年（安政五年）夏天，英國作家俄理范（Laurence Oliphant）來到長崎，英國為了與日本簽訂修好通商條約，派遣使節團從上海來到日本，而俄理范是英國特命全權大使之一，並擔任全權代表額爾伯爵（詹姆斯・布魯斯／James Bruce）的秘書。英日兩國於八月十六日簽訂日英修好通商條約，俄理范在日本停留短短兩週左右，他觀察長崎、江戶、下田的風土民情，並加以紀錄，其中包括他在江戶期間，親眼所見的日本公共浴場情景。

俄理范寫道：「所有浴場的入口，都掛上了深藍或黑色棉布，如同旗幟飄揚，好讓人辨識是浴場招牌。浴場裡的人流總是絡繹不絕，因此不像長崎，會在大馬路上看到人們入浴的姿態。這些入浴設施，與下田的浴場有所不同。」[9] 這段敘述首先最讓人感興趣的地方，是江戶與下田公共浴場的差異性。由於這群使節是從長崎來到下田，接著來到江戶，應該曾在下田看過公共浴場，但實際上有何差異性，俄理范並沒有詳加記載。

另外，有人認為俄理范所指的「深藍或黑色棉布」，就是日式布簾，但《守貞謾稿》的插圖，也有描繪公共浴場的招牌外觀（圖2-3），內文提到：「現在江戶湯屋的招牌以深藍色布料為主，店家掛上棉布掛旗，上頭寫有男女湯或湯。」[10]內文也同樣用「招牌」二字。至於俄理范提到「深藍或黑色棉布，如同旗幟飄揚」，可推斷他所見到比較類似於圖2-3左邊的招牌，而非一般日式布簾，如此判斷較合乎道理。講個題外話，在「深藍棉布招牌」出現之前，早期的的招牌就像是圖2-3右邊，是掛有弓箭的招牌，看起來很像是寓意畫，但這的確是當時公共浴場的招牌。之所以掛上弓箭，是因為「射弓箭」（射入る）與「進入湯屋」（湯入る）日文發音接近的關係吧！

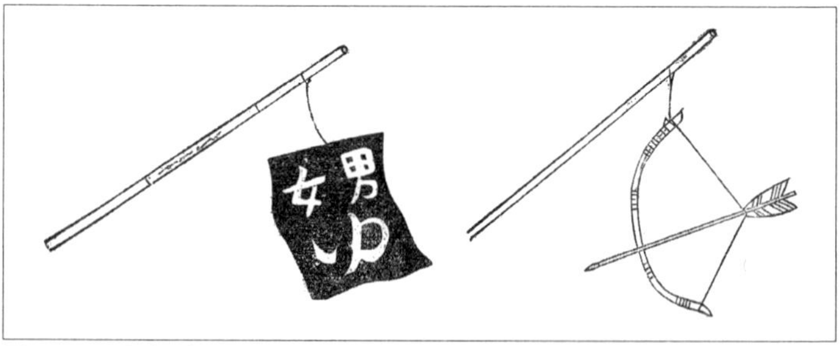

圖 2-3　湯屋招牌

俄理范還提到：「純樸的城鎮裡，這是男女共用、唯一的一間浴室。偶爾在江戶會看到高度及胸的隔板，將浴室內的男女隔開。浴室上方通常會有一間茶室，當浴客泡完熱水浴後，在全身極度放鬆的狀態下，來到了茶室，在此不拘小節，喝著常見的飲料，讓身心更為舒暢。」(11)俄理范所記載的「純樸的城鎮」若為下田，即可看出江戶的浴場並非為男女共用的形式。此外，他還提到「偶爾」在江戶會看到高度及胸的隔板，將浴室內的男女隔開，光從以上的文字敘述，可能很難判定真實情形，但俄理范在江戶所見的公共浴場，應該是男女分隔的形式。

提到俄理范這號人物，他與額爾伯爵所率領的使節團一同離開日本後，於一八六一年（文久元年）擔任日英公使館第一書記，再次來到日本。當時英國在高輪的東禪寺設立了暫時的公使館，但俄理范剛安頓好沒多久，水戶的攘夷派志士在此製造襲擊英國公使事件，人稱「東禪寺事件」。俄理范的肩膀被刀砍到導致重傷，隔天便逃到英國軍艦上避難。幕末的尊王攘夷思想，如暴風雨般蔓延，而攘夷派志士襲擊英國公使館事件，則是將尊王攘夷思想化為暴力行為的象徵。

瑞士使節團首席全權大使所見的江戶湯屋

「姑且不論清晨的沐浴，所有年齡層的男女，幾乎每天都會泡微溫湯，他們特別喜歡溫度高達攝氏50度以上的熱水。無論是整個身體躺在浴池裡，或是蜷曲在其中，讓熱水蓋到肩膀或腰部，一次泡十五到三十分鐘。」(12) 對於日本人的泡湯喜好，漢伯特（Aime Humbert-Droz）如此描述。

漢伯特是瑞士所派遣的使節團的首席全權大使，他為了簽訂修好通商條約而來到日本。瑞士使節團於一八六三（文久三年）四月抵達長崎，於隔年二月與日本正式簽訂條約，期間耗費了相當長的交涉時間，這雖然跟江戶幕府多少有些關係，但原因之一是瑞士屬於小國，不像美國或英國等大國來得有權威。

因交涉期間較長，代表使節團待在日本的時間也很長，漢伯特因此將自身見聞，以文字結合大量插圖的方式，出版《漢伯特幕末日本圖繪》（Le Japon Illustré），詳細記載其日本經歷。前面第一段所引用的文章，出自同書《江戶（隅田川左岸地區）》篇章，因此記述內容的確是江戶的公共浴場。此外，他跟荷蘭海軍軍醫龐貝的記載相同，都提到熱水溫度為攝氏50度，但這個水溫已經不能算是微溫湯了。

先別提這些，漢伯特還記載，只有上流階級才有能力在自家建造浴池，但這是屬於罕見的例子，主要理由是「不管費用多少，自家用的浴池燃料費，會比全家前往公共浴場所支付的整年費用，還來得更高。」(13) 即便是江戶時代的富商三井高俊，他大多也是去公共浴場，沒有使用自家的浴池。

對於混浴，漢伯特如此寫道：「風呂屋的老闆並不想拒絕客人光顧，所以在進入浴槽時，男女一定會混處在一起。首先，公共浴場至少有兩個浴槽，中間用隔板或木板橋隔開，不管在哪一邊，一次大約只能容納十二至二十人。通常女性跟小孩在一起，另一邊則是男性浴客。但是後到的客人為了擠進浴槽裡，不會在意誰先進入浴槽，而是會盡量找自己喜歡的區域。」(14)

從漢伯特的記載可知，在江戶的公共浴場，入浴的規則相當模糊不明，雖然基本上採男女分隔的方式，但只要客人一多，就會變成混浴。另外，漢伯特所描述的公共浴場結構，與我們所見的江戶浴場之特徵，有些微的差異性。浴場內的浴槽有兩個，這與《守貞謾稿》的「江戶浴場平面圖」相同，但根據漢伯特的記載，只有浴槽是「用隔板或木板橋隔開」，但男女都能進入浴場。也就是說，洗浴場或更衣

圖 2-4　明治元年的江戶湯屋

間應為男女共用的空間。但是，這時候不禁產生的疑問是，只有在浴槽用低隔板分隔的公共浴場，還能算是混浴的形式嗎？但以我們身為現代人的觀念來看，不得不說這的確是混浴的形式之一。

我還找到另一張有趣的畫，時間要往後來到明治初年，這是由畫師長谷川不深所描繪的江戶公眾浴場畫（圖 2-4）。從畫中可見兩處石榴口，左邊為男性用，右邊為女性用，分隔男女的牆壁雖延伸至天花板，但分隔範圍只到洗浴場中央，前方還是能相通。由此可見，如同漢伯特所描述，之後進入浴場的人，可以自由選擇從哪個石榴口入內泡湯。

公共浴場圖與溫泉圖的融合？

附帶一提，《漢伯特幕末日本圖繪》有收錄一幅名為「江戶錢湯」的插圖（圖2-5），作畫者為克雷朋（L. Crepon）。根據插圖的說明文記載：「本畫有參考日本的繪畫。」應該是參考日本的某一幅浮世繪所繪製而成。

從畫面中央所見的鳥居形狀結構，很明顯是江戶樣式的石榴口，入口高度較高，隱約可見裡頭蠢動的入浴客，用木板鋪設而成的洗浴場，也屬於江戶樣式。此外，左邊的櫃台應該就是番台（高坐）吧！作者可能是在描繪女湯的關係，畫中完全不見任何男性的身影，但站在左邊入口束有

圖 2-5《漢伯特幕末日本圖繪》之「江戶錢湯」

髮髻的人物，看似為男性，另外坐在番台前的人物，應該也是男性。

不過這幅畫有幾個奇妙之處，最有趣的地方為石榴口的前方，有一座大型浴槽。從右後方可見幾位女性泡在浴槽中，水深約腰部的高度，看得出來浴槽並不深；左邊的女性似乎正在泡腳。此外，還要留意畫面中央石榴口右邊的瀑布設施，熱水似乎是從導水管往下方岩石流出，我不認為當時的公共浴場會有如此豪華的設施。

根據歷史學者岡田章雄所述，《漢伯特幕末日本圖繪》所刊載的插圖，「是使節團以在日本購買的美術書或版畫為『樣板』，畫家運用西洋畫的技法，呈現遠近法，置換或刪減畫中的人物，同時刪除意義不明的景物，或是含糊帶過後畫出。很多都是經過畫家的修改，為了取悅歐洲的讀者而畫。」(15) 根據岡田先生推測，畫家克雷朋在描繪「江戶錢湯」時，準備了兩種主題的原畫。換言之，一幅是公共浴場畫，另一幅為溫泉畫，雖然都是入浴場所，但設施完全不同。沒想到的是，克雷朋將這兩處場景結合在同一幅畫中。

當克雷朋看到從日本帶回的公共浴場圖，一定會感到不解地發出「嗯？」的語氣。他所認知中的浴場，應該是羅馬浴場才對，但日本的公共浴場卻沒有大浴槽，這對於不了解當時日本公共浴場結構的人來說，只能說是「意義不明」的存在。另一方面，假設克雷朋的手中還有其他描繪溫泉景象的繪畫，畫中應該有描繪人們在大浴場入浴的場景，然後克雷朋也就把它當成入浴的場景。因此，克雷朋一邊「刪除意義不明的景物，或是含糊帶過」，一邊結合兩幅畫，最後完成「江戶錢湯」插圖。他將出現於公共浴場畫的石榴口，配置在畫中背景，再將溫泉畫的浴槽放在原本應該不會出現浴槽的區域，至於從導水管流出的熱水，也是參考溫泉畫所繪製而成。如此一來，洗浴場出現不該有的浴槽，或是熱水如同瀑布般流下的場景，似乎不足以為奇了。

還有一點，克雷朋的「江戶錢湯」有另一個值得特別注意的地方，那就是畫面右後方的建築物。難道是錯覺嗎？它看起來也很像是石榴口。如果真的為石榴口，克雷朋所描繪的，應該就是禁止混浴而將浴槽分隔的公共浴場吧！這很像是參考長谷川不深所畫的《明治元年的江戶湯屋》（圖2-4），並且去掉中間分隔牆壁而完成的畫作。

以上有些離題了，有關於江戶的公共浴場，我們繼續閱讀其他的記載吧！我曾在序章提過，一八六〇年（萬延元年）普魯士王國向日本派出的使節團，海涅也是其中的成員之一，而《歐倫堡日本遠征記》就是普魯士使節團的官方紀錄之一（Die Preußische Expedition nach Ostasien nach amtlichen Quellen）。歐倫堡伯爵（Prince Philipp zu Eulenburg）是使節團的特命全權大使，也就是本書第15頁所刊登的合照中（圖序—2），裡頭除了海涅，中排最右邊的人物就是歐倫堡。

在這本官方紀錄書中，記載了使節團一行人在江戶所見的公共浴場景象：「日本之所以有舒適的居住環境，跟日本人勤於清潔身體有關。大多數人都會每天入浴，有些人會在家中泡澡，每個城鎮都設有公共浴場。」關於以上文章，書中還寫下註釋：「公共浴場被木板牆一分為二，一邊為男性專用浴池，另一邊則是女性與小孩專用浴池，每個人歡愉地在此入浴。因為日本人對於露出裸體毫無羞恥心，看到外國人在場也不會感到畏懼，我們才能一窺內部的景象。」(16)

此外，歐倫堡伯爵也在手記中寫道：「湯屋設有特別設施，而且每個城鎮都有湯屋。一樓設有男性與女性的浴室，江戶的浴室都會用木頭格子牆區隔男女，但其他的城鎮大多為男女混浴。由於面向街道的牆壁也是格子牆，只要靠近一看，就能

看到內部的景象。」(17)

如同以上記載，根據普魯士遣日使節團的描述，江戶的公共浴場也是男女區隔，俄理范的記載也相同。此外，漢伯特提到，男女雖然混處於同一座浴槽，但原則上浴場還是採男女分隔的形式。由此可見，男女分隔為當時的基準，果然只有下田公共浴場屬於特例吧！然而，歐倫堡伯爵有提到：「其他的城鎮為混浴。」既然這樣，就暫時離開江戶，來探究其他地區的真實情形吧！

法國貴族所見的橫濱湯屋

首先是法國人波瓦公爵（Ludovic de Beauvoir）將親眼所見的橫濱公共浴場情景，加以紀錄。波瓦出身於法國奧爾良王室，擁有純正的貴族血統。他在二十歲起開始環遊世界，曾在日本停留35天，並且在一八六七年（慶應三年）四月抵達橫濱，當時維新藩士正在推行倒幕運動，幕府的命運僅剩不到一年。

波瓦來到橫濱後，途經一條與橫濱弁天通平行的小巷，立刻目睹公共浴場的景象。他提到：「這裡不分男女老少，全部人混處在同一個空間，身穿類似天使般的服裝，一整間湯屋大約有40至60人，有著斜面地板，現場可見用銅環所固定的小桶，裡頭裝滿熱水，小桶堆成了金字塔狀，這群人坐著，或是活蹦亂跳著。」(18) 從波瓦的描述，可看出橫濱的浴場也是混浴的型態。此外，波瓦非常仔細地觀察公共浴場內部的景象，他記載了用來排出溢出熱水的「斜面地板」，海涅也曾經看到相同的地板結構，並用繪畫加以呈現。另外，波瓦還寫道：「現場可見用銅環所固定的小桶，堆成了金字塔狀。」這應該是浴桶堆成了三角形的景象。以上都是在現今的錢湯也能見到的光景，無論如何，如果波瓦沒有親眼見過這些情景，就不可能有如此詳實的記載。

年輕貴族波瓦，還記下自身在箱根宮之下的混浴溫泉體驗，雖然偏離公共浴場的主題，但他的記載十分有趣，值得加以介紹。來到宮之下溫泉的波瓦，對於當時所見的光景始終難以忘懷，於是寫道：「在傍晚時分，我看到大約有三百位以上的男女浴客，剛泡完溫泉，他們以亞當與夏娃的穿著，從容地在此歇息。」波瓦原本想投宿這間旅館，但已經客滿了，遭店家婉拒入住，他只好沿著階梯往上走，來到另一間旅館。從這裡開始，波瓦便與其他幕末時期來到日本的外國人，完全劃清了界線，因為他不僅觀察日本人的入浴景象，還親自體驗了入浴過程。

「溫泉旅館裡設有好幾個四方形的木頭浴槽，每個浴槽嵌入地面，保持一公尺半的間隔。入浴客分成好幾組，各自在浴槽中嬉鬧聊天。」波瓦從這些浴槽中，選了看似水溫最為合適的浴槽，親身體驗泡湯。「我泡在透明的熱水中，有六人置身於這小小世界，包括面貌姣好的三名女性、兩名男性，還有我自己。我覺得自己好像闖入熱騰騰的水壺裡，光是待在裡頭一分鐘，我就像是臉色泛紅的隨扈，很想趕快逃離現場。然而，泡在浴槽裡的其他五人，不分男女開始笑談風生，我雖然聽不懂重要的句子，但還是可以用幾句常用的詞彙與他們溝通，還好跟平常一樣溝通成功。」[19]雖然不能算是入境隨俗，但西方人中還是有像波瓦的人物，可以毫無抗拒地融入於混浴風俗之中。此外，根據《富士屋旅館八十年史》的記載，波瓦是外國人之中，最早在箱根入浴的人物[20]。

波瓦將自身的旅遊經歷，整理成文字，發表著作《世界周遊旅行》（**Voyage autour du monde**），裡頭有刊載名為「錢湯風景」的插圖[21]（圖**2-6**）。看到這幅插圖，相信《漢伯特幕末日本圖繪》的「江戶錢湯」圖會瞬間化為烏有。圖中央可見

圖 2-6 《世界周遊旅行》的「錢湯風景」

有位富豪，在美女的服侍下一邊用餐，而在富豪的左邊，有一位身穿兜檔布的精壯男子，而右邊的女性站在疑似香蕉葉的下方，扭著自己的身軀。背景為天花板挑高的的南洋風木造家屋，地面設有大面積浴槽，男女混浴其中。圍繞在浴槽旁邊的人群，似乎正在進行某種儀式。這幅插圖與《漢伯特幕末日本圖繪》的「江戶錢湯」圖相同，都混合了各種繪畫風格，最有力的證據是畫面左邊肌肉發達的男子，就是出現在漢伯特書中插圖的「馬夫」，我在之後的章節（第107頁

圖3-1）會詳加介紹。雖然波瓦書中的插圖，對於認識當時公共浴場的景象，欠缺參考價值，但依舊是相當重要的插圖資料，可讓世人了解，外國人是如何以扭曲的方式，來傳達未知國度資訊。

從橫濱來到長崎的公共浴場

丹麥人蘇安森（Edouard Suenson）是法國海軍成員，他也是曾在橫濱目睹公共浴場景象的其中一人。時間來到一八六六（慶應二年）至六七年（慶應三年），幾乎與波瓦同時期，但時間早了一些。事情的起因，是某位喜好泡湯的日本人對蘇安森說：「結束工作後如果沒有去公共浴場泡湯，就覺得一天還沒結束。」根據蘇安森描述：「我進入一間天花板低矮的屋子，裡頭蒸氣瀰漫，看到好幾位跟剛出生的嬰兒沒什麼兩樣，全身赤裸的男女。地上挖了個洞，四周用石頭固定製成浴槽，裡頭裝滿熱水，這群人泡在浴槽中。麻繩是分界線，雖然在同一個浴槽中，卻用麻繩將男女隔開，幾乎沒有使用屏風隔板。男女眼神交會，即使裸體被看光光，但幾乎不會有害羞或抗拒的心理。」(22)

蘇安森所形容的「蒸氣瀰漫的房間」，應該就是指石榴口內部。此外，他還提到用麻繩區隔浴槽，看似是男女分隔的形式。江戶的公共浴場都是用低隔板或木板橋來區隔男女，但蘇安森所見的浴場，結構更為簡單。當時用這樣方式，就會被當成是非混浴的形式；但以現代的角度來檢視，很明顯就是混浴。

接著要看看自古以來即有大量外國人進出的長崎，長崎的公共浴場，混浴也是相當普遍的形式。首先，要引述霍姆斯船長的親身體驗。英國人霍姆斯（Henry Holmes），人稱霍姆斯船長，他與知名的怡和洋行（Jardine Matheson）簽訂傭船契約，於橫濱、長崎、箱館開港前的一八五九年（安政六年）二月來到日本。霍姆斯船長來到長崎後，秉持著天生的好奇心，立刻在長崎的街道上閒晃，他在那裡看見了公共浴場。霍姆斯船長說：「不分地位高低，日本人經常來此泡湯，公共錢湯的占地寬廣。」他進入公共浴場裡，並觀察日本人的入浴方式。「浴場內有一個大木桶，感覺很像是釀酒廠，溫度極高的硫磺熱水滿溢，接著將身體泡進浴槽裡。我實地進入浴場，看到裡頭約有三十到四十人，眾人像是鯡魚般擠在一塊，身體在熱水裡泡得通紅。」寺門靜軒曾用「頭部會碰到別人的陰囊」來形容石榴口內部擁擠的景象，霍姆斯船長的描述也有異曲同工之妙。

他還說：「泡湯泡到臉部跟火雞般泛紅後，接著來到小隔間，拿起類似米糠袋的物品磨蹭身體。之後用熱水沖洗身體，再來到休息室，品茶或抽著菸草。休息室內不分男女老少，所有人都是光著身子，沒有裹上白布，以各種姿態躺著。不受性別或年齡的限制，完全跳脫西方的傳統禮儀觀念。」由此可見，霍姆斯船長所親眼看到的，就是混浴的公共浴場。他用自問的語氣說：「就像是人類墮落之前，在伊甸園生活的人類祖先。這些人是否也有同樣純真的心靈？」然而，他對於男女混浴下了結論：「他們並非為純真而嚴守貞操，只是因為混浴是日本的風俗習慣。」(23)

荷蘭海軍軍醫龐貝（Pompe van Meerdervoort），對於長崎的公共浴場也有如下記載：「在錢湯裡頭，的確能目睹各種不可思議的光景。」他還指出：「就算是貧窮的庶民階層，家中也有常見的澡盆。」但因為燒熱水的成本太高，「在庶民家庭中，只有在生病的時候，會用澡盆泡湯。」幾乎每個城鎮都有公共浴場，入浴收費只要二到三文錢，「任何人」都能利用。任何人的意思就是「浴場中的男性、女性、小孩，都可泡進同樣的浴槽」。然而，龐貝也寫道：「至少在這裡不會發生難堪之

事。不，講明白點，就是在這裡泡湯的人，不會在意對方的性別是男是女。」(24)

龐貝並未提到自己是在何時看到這番公共浴場的景象，但應該是更早的時期。龐貝待在日本的時間為一八五七年（安政四年）九月到一八六二年（文久二年）十一月，整整超過五年的時間，在這段期間的日常生活中，龐貝應該常常看到公共浴場的混浴風景吧！無論如何，在橫濱或長崎，混浴似乎是非常普遍的情形。

在外國人之間流傳，有關於混浴的謠言

接下來，要從長崎一路飛往箱館（函館）。一八五五年（安政二年）五月十八日，普魯士船籍的美軍艦隊傭船格雷塔號，駛入箱館。船上有位名叫盧多夫（August Luhdorf）的德國商人，同年的六月十五日，還待在箱館的他說：「因為同行的文森號某位軍官，跟我說日本有公共浴場。」因而親身前往附近的公共浴場。「我們想進去浴場一探究竟，因為從下田過來的軍官跟我們說了一段看似謊話的經歷，我們想要用自己的眼睛證實，看看這些經歷是否具真實性。」盧多夫所提到「看似謊話的經歷」，指的當然是日本公共浴場的混浴習慣。他為了證實傳言的真實性，親自

造訪公共浴場。

「我發現浴場裡頭，男女（其中還有好幾位年輕貌美的女性）混處在一起，而且都是全裸泡湯。」盧多夫對於首次見到公共浴場，有以上的論述。箱館的公共浴場，果然也是混浴的形式。此外，盧多夫還凝神觀察公共浴場的細節說：「哎呀！看到有人坐在木板隔間裡頭。這裡是屬於蒸氣浴池的形式，在蒸氣瀰漫的小房間裡，可見注水結構的浴池。」盧多夫所形容的「蒸氣瀰漫的小房間」，應該是石榴口；「坐在木板隔間裡頭」的人，則是在洗浴場清洗身體的客人。盧多夫在參觀公眾浴場的期間，不斷有其他客人入內，他形容：「這些人毫無顧忌，當場脫下了衣服。」光著身子走向浴槽。「我想世界上沒有任何國家像日本一樣，男女兩性可以用如此卑劣的方式一同生活。」(25)盧多夫如此描述。對他而言，並不能容許混浴的行為發生。

英國軍艦巴拉庫塔號（Barracouta）的將領特龍松（John M. Tronson），也曾記載有關於箱館公共浴場的景象。特龍松在一八五六年（安政三年）四月造訪箱館，大約比盧多夫晚了一年，他對於日本公共浴場的印象是：「我之前就曾聽說過公共浴場，好像是很不可思議的設施。」盧多夫當初是為了確認從美軍將領所聽到，如「謊言般的故事」是否真實，因而親自前往浴場參觀。至於特龍松會知道日本混浴公共浴場的存在，也是來自於他人的傳言。由此可看，在培理與日本簽訂《日美和親條約》後，有關於日本公共浴場混浴的傳言，在短時間內傳遍外國人圈子，例如「富士山、藝妓、混浴」之類的外國人玩笑話。特龍松為了證實傳言的真實性，他來到了箱館，才剛走出運上所（海關）便立刻前往公共浴場。他所來到的公共浴場，距離運上所有一段路，從狹小的玄關入內後，右手邊為休息室，前方為番台，左邊縱深較深，可通往浴場。「我看到地板大約有1.8公尺的距離並逐漸降低，再面向隔板逐漸上升，隔板的另一側，可見和善的平民正享受著泡湯的樂趣。隔板圍繞房間，但從四周都能一窺內部的景象，旁邊有一個高度較淺、面積較寬的水槽，裡頭裝滿冷水。從風呂泡完湯的男女與小孩，蹲在水槽裡，大剌剌地用冷水淋身體。」地板降低並逐漸升高的描述，都與波瓦公爵的記載相同，洗浴場的兩側地板，是往中央湯溝傾斜的結構，圍繞於隔板的房間，應該就是石榴口。特龍松提到：「從四周都能一窺內部的景象。」也許是因為石榴口的入口較高的關係。

此外，特龍松還描述從石榴口走出的男女，盛起水槽的冷水沖洗身體的景象：「每個人都是全裸的狀態，肌膚呈現粉紅色，看起來極為舒爽。對於我們這些可疑人物，他們完全沒有感到不悅，而是默默地做著自己的事情。日本人並不會毫不客氣地打量對方，這讓我想起亞當與夏娃的純樸時代。」特龍松對於「原始的純樸性」感到擔心，因而獨自煩惱著日本人的裸體風氣，是否會對於下一代造成不良影響(26)。

英國人提利（Henry Arthur Tilley），在搭乘俄羅斯籍琳妲號（Rynda）前往俄羅斯阿穆爾州的途中，於一八五九年（安政六年）七月途經箱館並短暫停留，他也參觀了公共浴場。「我看到所有年齡層的男女、少女、小孩等，大約有幾十人，就像是在喝茶般放鬆，完全不在意旁人的眼光，光溜溜地站著清洗身體。」當時在場的外國人除了提利，還有琳妲號的士官與他的斯戴爾夫人，士官看到浴場的景象，問道：「你們不覺得這種行為太過輕浮嗎？」夫人回說：「不曉得眼睛要看哪裡呢！」而提利也對夫人的看法深感贊同地說：「即使全身赤裸，還是要恪守貞操才對。」(27)從以上的資料可得知，在箱館的公共浴場，採混浴是相當普遍的形式。

坂本龍馬與阿龍的混浴過程

接下來要介紹僅次於江戶的大都市——大坂，以及天皇所在，幕末時期成為各界焦點的京都，透過資料來驗證這些地區的公共浴場實情。首先為大坂，根據石田魚門於一八七六年（明治九年）所著的《方今大阪繁昌記（初篇）》，有以下的記述：「道頓堀沿岸有數間混浴澡堂，其中以惠比須湯為最大規模，從早到晚浴客絡繹不絕。」據說裡頭擁擠的程度，連雙腳都沒有移動的空間。此外，書中還記載：「現在因為推動一新的緣故，規定男女不得混浴，所以浴場內部被隔開來，兩道門的正面，可見男左女右的浴場標示。」(28)「一新」是明治維新的別稱，根據石田魚門的記載，大坂的公共浴場是在明治維新以後，才廢止男女混浴。附帶一提的是，根據《守貞謾稿》的記載，自從天保年間以後，公共浴場才將浴槽分為男女兩邊。

再來看看外國人的記載，要來到較晚期的時代。法國海軍士官杜巴爾（Maurice Dubard），在大坂的旅館有入浴的體驗。杜巴爾從一八七四年（明治七年）到隔年，約有一年多的期間待在明治新政府統治下的日本。即將從日本出航的杜巴爾，在船隻短暫停靠兵庫港時，利用假期與同伴從大坂來到京都、大津旅行。杜巴爾計畫從大坂搭船前往京都，在出發的前一天，他在大坂碼頭所在的天滿八軒家旅館過夜。

過了一晚的隔天早上，杜巴爾在旅館的中庭別棟，體驗日式風呂。當時還有三三兩兩的住宿客人前來泡湯，「我看到有幾位跟我相同打扮的日本男性，成群進入浴場。他們慢條斯理地把身子泡進浴槽，接著又有其他男性進來，還有爸媽帶著兩位小孩的家族入內。之後又有另一個家族進入，不久之後連旅館內的人士也進來了。這些人的穿著就像是我們的祖先偷嚐禁果前的狀態，沿著牆壁大約放有八到十個大型木桶，裡頭擠滿了人，完全沒有空位。」

杜巴爾所指的「旅館內的人士」，包含旅館的女服務生。杜巴爾泡完湯，立刻收拾行李，從八軒家搭船展開旅行。他提到自己走出外面時，回頭看了一下旅館，發現：「這些『出浴維納斯』們，急忙從浴槽裡跑出來，對我喊說祝我旅途愉快、旅途平安。」(29)不得不說，當時的社會觀念果然還是與現代有極大的差異。

接下來要提到京都的公共浴場，但不再是外國人的記載，而是日本人的回憶錄。口述者為之後歷任明治政府陸軍少將，以及宮內大臣的田中光顯。田中說：「很多人都說坂本不曾與阿龍一同外出，但實際上無論是在京都或伏見，我都經常跟坂本與阿龍同行外出……」田中在幕末時期，跟隨中岡慎太郎，當中岡與坂本龍馬推動薩長同盟時，田中為他們的有力心腹，大為活躍。田中所提到的「坂本」，當然是指坂本龍馬。此外，阿龍是指龍馬的妻子。以年代來看，大約是從田中跟隨中岡的慶應元年開始，到坂本與中岡遭人暗殺的慶應三年之間的期間。

田中還提到：「應該沒有比這更確切的證據了，我們三人經常一同去湯屋泡湯。當時的湯屋大多為男女混浴。如同謠傳，我看到坂本的背上有一撮黑毛。」他還說：「當時在浴池中，坂本跟我說：『在江戶泡完熱湯後，都會變成痲痲喔！』但我不太清楚他所指的痲痲是什麼意思，還特地請教他。」(30) 坂本所指的「痲痲」，就是「因手腳痲痺而行動不便，嘴巴、舌頭等部位不靈活的疾病俗稱，或是罹患類似疾病的人」(31)。

坂本的歷史暫且到此，值得留意之處為「當時的湯屋大多為男女混浴」這句話，而且是跟龍馬的愛妻阿龍混浴。以現代人的觀念來看，跟好朋友和好朋友的女朋友一同在錢湯混浴，根本是難以想像的事情。然而，這樣的行為在當時的京都（或伏見），似乎被視為稀鬆平常的事情。由於田中曾與把江戶轉變為明治的重要推手坂本龍馬，以及他的愛妻阿龍，三人一同混浴泡湯，對於主軸在觀察日本人裸體觀念的本書而言，這是難以忽視的重要紀錄。

另外，田中還提到：「如同謠傳，我看到坂本的背上有一撮黑毛。」坂本自幼背上便有生出一撮背毛。有關於他的背毛，作家司馬遼太郎的《龍馬行》有以下的描述：

「龍馬自出生起，背上長著一片漩渦狀的毛髮，父親八平是一位豪放的男子，開玩笑地說：『這個孩子有異象，明明不是馬，背上卻長出鬃毛。』因而將他取名為龍馬。」[32]

無論命名的由來為何，誠如田中所描述，龍馬的背部的確有一撮黑毛。

此外，除了田中與龍馬的往事，他還提到中岡慎太郎前往混浴錢湯的有趣經歷：「在湯屋泡湯的時候，我想起京都白川屋敷的經歷。」田中曾與中岡一同遊歷銀閣寺、詩仙堂、鹿谷等景點。他說：「中岡不知何時獨自一人外出，他回來後，跟我開玩笑地說：『我今天去祇園泡湯，看到湯屋裡頭有漂亮的貨色，害我流連忘返，真傷腦筋。』的話。」[33]中岡提到的「漂亮的貨色」，當然是指令人精神振奮的美女。從田中的回憶中，我還想起《守貞謾稿》的記述：「遊廓有許多娼妓身穿豔服，在風呂屋泡湯。即使不是娼妓的身分，也會有許多女性身穿漂亮服裝前往風呂屋。」[34]祇園是京都的花街，而中岡在祇園公共浴場所邂逅的，應該是美豔動人的娼妓，或是國色天香的一般女性。

逐漸於日本全國普及的混浴習慣

幕末時期，外國人在日本的行動範圍受到限制，因此外國人對於日本相關的記載，通常僅限於開港地區一帶，或是知名溫泉聖地，直到明治時期開始，才出現有關於地方浴場的入浴記載。

首先要介紹發掘大森貝塚的艾華・摩士，他的相關文書記載。摩士在一八七七年（明治十年）六月十七日[35]，也就是在三十九歲生日的前一天，搭船來到橫濱。他在前往東京大學赴任前的十天期間，與莫瑞博士（David Murray）一同前往日光旅行。當他們來到日光湯元的小村莊時，摩士親眼看到「一間浴場裡面有六、七人在裡頭入浴，每個人坐在浴槽裡，熱水蓋過肩膀，時而舀水從頭部淋下」。他還寫道：「然而，最令我感到驚訝的是，我看到老人與小孩一同泡在浴槽裡，而且面對往來的路人，幾乎是被看光光的狀態（雖然有架設低矮的屏風）。」[36]（參考圖2-7）。日本人不僅在浴場內混浴，在眾人面前甚至可以展露裸體，也絲毫不會感到羞恥，摩士對此難掩困惑的心情。

圖 2-7　摩士所描繪的湯元浴場

接下來引用伊莎貝拉・博得（Isabella Lucy Bird）於一八七八年（明治十一年）前往北海道內陸的記載。這位英國女探險家經常造訪世界各地，並透過眾多著作來介紹她的探險紀錄，《日本奧地紀行》（Unbeaten Tracks in Japan）就是其著作之一。博得前往日本旅行期間，來到青森縣黑石的下中野地區，她看到「住家沿著長形下陷路緣而立，後方建有浴場」。在車夫的帶路下，博得進入了浴場，身材微胖的四十六歲英國女性，直接穿著衣服入內，但她不打算入浴，只是純參觀。

「浴場分為四處，但只是形式上的分隔，入口只有兩處，直通入浴者所在之處。邊緣的兩座浴場裡，可見女性與小孩泡在大型浴槽中。男女在中央的浴場共浴，但被分隔為兩側。」博得詳細地記下公共浴場混浴的景象，用字遣詞極為謹慎。她還寫道：「然而，入浴者看起來都十分親切，對於我這位非有意闖入的外人，完全不感在意。帶我入內的車夫，也不會覺得不好意思或失禮。我發現即使是在浴場內，也跟其他的場所相同，都有一套拘謹的禮儀，當他們在傳遞水盆或毛巾時，都會向對方點頭致謝。」

博得在大略看過浴場後，她預測這樣的混浴習慣，會慢慢消失。

「日本政府會竭盡全力禁止混浴的習慣，像這些偏遠的鄉下地區，可能要過一段時間才會遭遇到社會改革的浪潮，但我相信遲早都會產生變化。」(37)在後續的單元，會證明博得的預言是正確的。不過還是有錯誤的地方，公共浴場的混浴雖然消失了，但至今依舊有溫泉旅館，採混浴的形式。

再來看看另一個例子，時間要往後來到一八八六年（明治十九年），法國人古德羅（Gustave Goudareau）從橫濱來到新潟旅行，在旅途中來到湯元溫泉附近的小日向村，他目睹了浴場的混浴風景，並順便在那裡體驗泡湯。「在碩大的浴槽中，各位千萬不要認為只有我一個人泡在裡頭。我大約跟三十五至四十五位日本人一起泡湯，而且是各種年齡層的男女混著泡湯。孩子們在浴槽裡打鬧嬉戲，少年替小女孩沖洗背部，大家看起來像是個大家庭，十分放鬆。我當時深信，自己正跟全村的村民一同泡湯，應該沒有其他剛好路過這裡的入浴客。每個人看起來都是彼此熟識的樣子。」根據古德羅的描述，此浴場的客群應該不是以旅客為主，單純只是一間村落的公共浴場。然而，如此大刺刺的入浴風景，真不知該如何形容，光聽起來就讓人感到羨慕。

古德羅還有其他讓他感到訝異的地方。當時，只要有外國人走在路上，在地的日本人為了一睹「唐人」的面貌，往往把整條路擠得水洩不通。當時的「唐人」就是外國人的意思，類似現代的日本人會稱外國人為「外人」。古德羅描述當時的景象：「然而，我當時以簡單的服裝（筆者註：裸體）進入浴場，即使在浴場內的四個區域走來走去，旁人似乎沒有太大反應。小女孩們若無其事地刷洗身體，或是互相刷洗，老人坐在浴池邊，泡著足湯，叼著菸斗一邊聊天，每個人看到我，都沒有露出驚慌的神色。」他還用疑問的語氣寫道：「沒想到最驚訝的人是我，難道他們把我當成日本人看待嗎？」(38) 由此可看出，街上的日本人與浴場內的日本人，其行為舉止有極大的差異。

全國不一致的入浴型態

從以上的內容中，我們大致了解日本各地的入浴習慣。從整體情形來判斷後，會發現公共浴場的混浴習慣，絕非只有下田地區才有，研判混浴應該是普及於日本全國的風俗習慣。然而，如果直接認定日本全國的浴場都採混浴的形式，似乎欠缺客觀性。依據地區或身分地位的不同，人們會在某些地區的浴場採取男女分隔的形式。

江戶幕府原本就明令禁止混浴湯屋，因此如同俄理范或漢伯特的描述，江戶的城鎮裡的確有男女分隔的公共浴場。關於這點，喜田川守貞也曾在《守貞謾稿》有記載，還有式亭三馬的《浮世風呂》，也用詼諧的方式介紹男湯與女湯的情景。此外，從一些浮世繪作品中，更能看到男女分隔公共浴場的景象，這些作品都紀錄了當時公共浴場的景象。不過，如果直接斷定江戶的公共浴場並非混浴，似乎太過於草率。因為寬政改革的「混浴禁止令」條文中，可見「城鎮可見男女混浴場所，多數偏僻地區則設有混浴湯屋」的文句，此外日本詩川柳還寫道：「山之手湯屋，男女無區隔。」(39) 換言之，即使是在江戶，部分地區的公共浴場也是混浴的形式，如此思考較為適切。

不同階級地位，風俗習慣也有所差異。尊崇儒學的武士，尤其是所謂的高級武士，他們對於混浴的觀念，與一般平民大為不同。例如在會津藩，以地區為單位的少年團「什」，都得遵守「什之掟」的戒律。只要想進入藩校，少年在就讀之前的都必須加入「什」，因此「什之掟」是藩內所有男子從小必須遵守的戒律。「什之掟」總共有七條戒律，第一條為「不可忤逆年長者所說的話」，而第七條則為「不可在戶外與婦人交談」。在此武士風紀下所長大的真正武士，應該會認為庶民的混浴習慣，是一種下流的行為。

此外，有些日本人並沒有在公共浴場入浴的習慣，桂川甫周（國興）就是其一。他是幕末時期的外科醫生，擔任江戶幕府的御醫，也是搭乘咸臨丸前往美國的木村喜毅之姊夫。在明治維新後，甫周便長期隱居於淺草，他的女兒今泉峰寫道：「記得父親第一次來到錢湯時，入內後便猶豫不決，他不知道要進入哪個浴池。一開始好像是泡在冷水池裡頭，但身子太冷實在是無法忍受，只好跑到隔壁的溫水池，打算泡個腳。他看到有人從煙霧瀰漫的大型浴槽裡出來，才終於發現到，原來是在那裡泡湯。這是父親的有趣故事之一。」[40]對於今泉峰的父親甫周而言，他以為浴場都是室內風呂的形式，因此不知道石榴口的內部也設有浴槽。

此外，出生於武士家庭的女性，應該也是極度排斥混浴的行為。根據貝原益軒所撰寫的女子教養專書《女大學》的記載，裡頭提到：「女子從小就要恪守男女分際，即便只有一時，也不可與男子遊玩。遵從古代禮儀，男女不得同席，不得將衣裳擺放於同位，不得在同一場所共浴。從別人之手拿取物品時，不得觸碰手部。夜間出門務必點亮蠟燭。他人更不用說，對於夫婦兄弟姊妹皆須掌握分際。」[41]受過類似教育的女性，應該不太可能會去混浴的公共浴場，而是選擇室內浴槽或澡盆泡澡的型態，即使要去浴場，也會去男女分隔的公共浴場。

同樣地，大商店的女老闆也只會去女湯泡湯，例如富商福田屋的後家（指女老闆）曾有「女性獨自一人，帶著年輕伙計，前往堺町一帶女性風呂泡湯。」[42]之記載。

「被媽媽訓斥一頓，自己已經不是進入男湯的年紀。」[43]如同這句日本詩川柳的含意，在鎮上的居民中，只要是家世顯赫的商人家庭，也會受到武家的影響，會教育小孩盡量避免前往混浴浴場。記得筆者曾與某人聊天，話題聊到有關幕末混浴的風俗習慣，結果對方說：「在江戶時代，混浴應該是常規吧！」然而，「常規」是錯的。江戶當時的實際情況，是有同時存在著混浴與男女分隔的浴場。

完全不泡湯的日本人

另外，別說是混浴，如果貿然斷定日本全國皆有日常泡湯的習慣，會有很大的問題。先前介紹的伊莎貝拉・博得，曾有以下記載：「這個地區的居民極度貧困，家屋殘破不堪，小孩身體髒污，患有嚴重的皮膚病。」(44)她繼續前往山間探訪，看到更多悲慘的景象。「我看到居民的身體、衣服、家屋內部佈滿害蟲，如果用污穢且邋遢來形容獨立勤勉之人，應該也能套用在這群人身上。」(45)當時與博得同行的日本口譯，看到這些情景，也不禁驚訝地說：「讓外國人親眼目睹如此悲慘的地方，實在羞愧。」(46)

在別的村莊，有許多生病的百姓，前來向博得乞討藥物。「我看到父親或母親，手中抱著赤裸的孩子，這些孩子患有皮膚病、頭部燙傷、白癬等，還有小女孩拉著雙眼幾乎失明母親的手，男子的身體露出明顯的腫塊。孩子們的身體被蚊蟲咬傷，眼睛患有眼病，眨著半閉的雙眼。無論是生病或健康的居民，都身穿髒污不堪的衣服。」

博得給予村民建議說：「在我的國家，每個人都勤於清洗衣物，每天定期洗澡，洗去皮膚污垢，用乾淨的布擦拭身體。要治療類似的皮膚病或加以預防時，醫師都會建議採用這種方式。」(47) 一八六〇年（萬延元年）來日本傳教的傳教士史密斯（George Thomas Smith）評論日本人說：「他們所身穿的衣服，經常超過好幾個月以上沒有清洗，因此下層階級的人常去熱的風呂清洗身體，以解決不洗衣服所造成的問題或不便之處。」(48) 然而，不得不說的是，博得所見到的這群日本人，很明顯地幾乎沒有入浴習慣，即使會去浴場入浴，也是相當罕見的例子。

在本章的開頭，我提出的疑問是公共浴場的混浴習慣，是普及於日本全國的習慣嗎？針對我的疑問，根據各種外國人的資料記載，可確認混浴的確是普及於日本的習慣，絕非僅限於下田地區的風俗習慣。然而，如果光憑以上的資料，直接斷定日本的浴場就是混浴的形式，似乎又欠缺客觀性。因為包括混浴的公共浴場、男女分隔的公共浴場、沒有泡過湯的人、無法泡湯的人、只泡室內湯屋的人，甚至是不知道錢湯泡湯方式的人也存在。由此可以確定的是，當時的入浴型態並不一致。在此前提下，可推論混浴為當時日本所普及的習慣。

因此，威爾海姆·海涅將日本人的日常生活習慣，如實地描繪成〈下田公共浴場圖〉。

第三章　日本人的裸體觀

與現代不同的裸體觀

對於裸體毫不在乎的日本人

在第一章與第二章，我引用了各類資料，詳細介紹幕末至明治初期外國人眼中所見的公共浴場景象。之所以這麼做，是有理由的。首先，我想用歸納條列的方式，證明混浴公共浴場普及於日本全國各地的事實。第二個理由，是想要探討在外國人的眼中，日本人對於裸體毫不在乎的態度。根據外國人的相關記述，除了經常提到混浴的習慣，日本人完全不在意裸體的程度，也讓外國人大感困惑。以下將列出之前章節曾介紹過的外國人記述。

「他看到我在場，完全沒有害羞的神色，在洗完身體後，他便赤裸裸地走出，用乾毛巾擦拭全身。」（海涅）

「當這群裸體的百姓看到外國人進入浴場，不僅完全沒有嚇到，而是半開玩笑地大聲嚷嚷。」（海涅）

「男女眼神交會，即使裸體被看光光，但幾乎不會有害羞或抗拒的心理。」（蘇安森）

「休息室內不分男女老少，所有人都是光著身子，沒有裹上白布，以各種姿態

躺著。不受性別或年齡的限制，完全跳脫西方的傳統禮儀觀念。」（霍姆斯）

「至少在這裡不會發生難堪之事。不，講明白點，就是在這裡泡湯的人，不會在意對方的性別是男是女。」（龐貝）

「對於我們這些可疑人物，他們完全沒有感到不悅，而是默默地做著自己的事情，日本人並不會毫不客氣地打量對方。」（特龍松）

「我看到所有年齡層的男女、少女、小孩等，大約有幾十人，就像是在喝茶般放鬆，完全不在意旁人的眼光，光溜溜地站著清洗身體。」（提利）

「然而，最令我感到驚訝的是，我看到老人與小孩一同泡在浴槽裡，而且面對往來的路人，幾乎是被看光光的狀態。」（摩士）

「男女在中央的浴場共浴，但被分隔為兩側。（中略）然而，入浴者看起來都十分親切，對於我這位非有意闖入的外人，完全不感在意。」（博得）

「我當時以簡單的服裝進入浴場，即使在浴場內的四個區域走來走去，旁人似乎沒有太大反應。小女孩們若無其事地刷洗身體，或是互相刷洗，老人坐在浴池邊，泡著足湯，叼著菸斗一邊聊天，每個人看到我，都沒有露出驚慌的神色。」（古德羅）

除了以上的敘述，還要提到田中光顯與坂本龍馬及阿龍三人混浴的過程。此外，還要補充說明艾華・摩士的親身經歷。先前提到摩士曾在日光的湯元溫泉看到公共浴場，他在前往湯元溫泉的途中，行經一段險路，當時摩士巧遇兩名「可愛的女子」，打算協助她們越過崎嶇道路。摩士並沒有戲弄這兩名女子的想法，但她們似乎覺得摩士心懷不軌，因而鄭重地用「很抱歉」的語氣拒絕了摩士的好意。

隔天，摩士抵達湯元溫泉後，請同行者馬雷博士協助測量溫泉水溫，但馬雷博士行動不便，於是請摩士親自測量。當摩士帶著溫度計來到溫泉測量水溫時，他闡述當時的經歷：「這時候我聽到浴槽中有兩個人，用爽朗的聲音對我說：『早安！』仔細一看，發現是前一天在路上遇到的兩名女子，本來對我有防備心的她們，卻在溫泉裡以全裸的姿態向我打招呼，我真不知道該如何形容當時驚訝的程度。」[1]前一天與摩士在崎嶇山路相遇的兩名女子，剛好也來到溫泉泡湯，並且親切地向摩士打招呼，對照女子前一天具有防備心的態度，簡直判若兩人。相信不僅是摩士，任何人遇到類似的情形，都會大吃一驚吧！

接下來還要介紹另一段故事，美國地質學家龐培里（Raphael Pumpelly）在文久年間，應江戶幕府的聘請來到日本，他在北海道礦山考察時期，曾與地方官員一同來到公共浴場。該浴場分為受雇者與礦工專用的露天風呂，以及官員及家屬專用的室內風呂。龐培里說：「當我們進入室內的浴室，看到礦山工頭的妻子與家人正在泡澡。」龐培里見狀，打算走出室內風呂，但沒想到工頭的妻子急忙從浴池裡走出，對他說：「請你務必親身體驗這上等的風呂，大家泡進浴池裡會顯得擁擠，我會帶孩子去其他的浴池。」

「我感受到對方的善解人意與熱情，加上對方完全沒有任何困惑之處，原本對於禮節的成見，不知從何時開始轉變成為驚訝。如同嘉德騎士團的格言 **Honi soit qui mal y pense**（心懷邪念者蒙羞），又或者像是梵蒂岡的雕刻陳列室，我想日本的公共浴場也是如此吧！」[(2)] 龐培里對於日本女性露出裸體絲毫不感羞恥的態度，不僅大為震驚，也不由得反省自己想入非非的邪惡思想。

透過以上的記載來思考，當時的日本人，就像是海涅在〈下田公共浴場圖〉所描繪的男女，對於在外人面前露出裸體，並不會感到抗拒，這是不得不承認的事實。應該可以這麼說，在公共浴場的混浴之下，隱藏著更為深遠的含意。因為公共浴場的混浴，只不過是一種現象，但隱藏於其背後的，是產生混浴現象的本質。身處於現代社會的我們，看到〈下田公共浴場圖〉後，會感到不太對勁，這是因為我們已經有先入為主的觀念，認為被別人看到自己的裸體，是一件可恥的事情。然而，畫中的男女，很明顯地跳脫現代人的常識範圍，因此我們才會感到極度困惑。

即便如此，明明同為日本人，對於裸體的觀念居然有如此大的差異，實在讓人難以相信！傳統的觀念我們無法完全捨棄，不，應該是說，不用捨棄也無所謂。反倒可以思考，當時日本人所抱持的裸體觀念究竟為何？這是值得深入探討的地方。外國人的相關記載，是考證的有利依據。接下來將再次列出當時外國人的記載，從這些記述中，歸納出值得探討日本人裸體觀念的材料。

以裸體之姿大搖大擺地走在街上

首先，要從用來遮蔽裸體的衣服開始談起。以前的日本人，通常僅身穿簡單的服裝上街，這對外國人來說是一件不可思議的事情。一八五八年（安政五年）八月，額爾伯爵的秘書俄理范來到長崎，他如此描述：「我看到半裸的男女側躺，或是趴在地上，他們的小孩則是裸體的狀態，不斷地喝著取之不盡的泉水（指母乳）。女性幾乎露出胸部，男性則是用簡單的兜襠布遮掩下體。」(3) 此外，俄理范在下田也觀察到類似的情形：「下田與長崎相同，貧窮百姓的服裝也相當簡樸，男性大多只有在腰際綁上兜襠布，女性通常會露出上半身。」(4)

雖然依職業而異，但很多日本人在工作時，幾乎是赤裸身體的狀態。一八六〇年（萬延元年）與普魯士遣日使節團一同來到日本的愛爾貝號運輸艦艦長維爾納（Reinhold Werner）表示：「像是手工業者、體力勞動者等勞動階層，在夏天工作時只會身穿兜襠布，或是全裸。」(5) 例如扛轎車夫或馬夫，以及明治時代的人力車夫等，大多都是裸體工作的狀態。我們來看看瑞士人漢伯特眼中所見的馬夫（圖3-1），馬夫的身體肌肉相當結實。附帶一提，第一位在箱根溫泉入浴的外國人波瓦公爵，他著作裡頭的插圖（圖2-6）也沿用了同一位馬夫，這已在上一章有詳細的解說。

圖3-1　《漢伯特幕末日本圖繪》裡的馬夫

另外，不僅是男性，有些女性也是裸體工作。維爾納艦長說：「女性在家中工作時，如果感到炎熱難耐，就會脫掉和服，跟全裸沒什麼兩樣。」(6) 日本民俗學家柳田國男也說：「日本人在夏天的工作服中，有包含裸體這個樣式。」(7) 如同他的看法，由於日本氣候高溫潮濕，身著簡便的衣服，或直接脫掉衣服，就某種含意而言是理所當然的事情。此外，這也是愛惜自身衣物的表現。無論如何，當時日本人外出時得身穿衣服的意識顯得薄弱，並且無法強加改變。

因此，從公共浴場入浴後，直接光著身子走回家的行為，並沒有特別不可思議之處；以裸體之姿在街上大搖大擺地閒晃，也不會引起旁人側目。對於這類驚人的行為，許多外國人都有相關記載，漢伯特的記載如下：「只要是入浴客，無論是男是女，當他們想到大街上吹吹風的時候，即使全身赤裸地走出去，也沒有人會責怪他們，這種習慣已經被日本人視為稀鬆平常。因此，進入熱湯沐浴後，如果不想讓如同蝦子般紅通通的美麗膚色消失，就會直接光著身子走回家，這舉動完全沒有大礙。」(8)

龐貝也有類似的記載：「我還目睹其他令我不可置信的事情。我看到日本人泡完湯，無論男女，都是全裸的狀態從浴場走出來進入街道，如果住得近的人，就會直接走回家。他們全身泛紅，身體的汗水滴滴如珠，但任何人見狀都不會在意。」[(9)]

於一八六一年（文久元年）來到日本的法國人杜賓（Charles-Louis Du Pin）上校，對於日本與自身國家風俗習慣的差異性，感到十分困惑。他說：「這個國家的人們，並不知道我們平常所稱的羞恥心。不分男女，他們已經習慣每天在錢湯碰面，錢湯設有可供大眾一同混浴的浴槽，每個人我行我素地享受著湯浴，毫不在意旁人的行為。當他們泡完湯，只會把衣服套在手臂上，而不是好好地穿起來，就這樣直接走回家。」[(10)]

當日本人聽說有外國人造訪，就會赤裸裸地直接從浴場跑出來看熱鬧，這也是常見的光景之一。一八六〇年（萬延元年）來到日本，擔任普魯士遣日使節團的特命全權大使歐倫堡伯爵便寫道：「即使是炎熱的氣候，當我們經過蒸氣瀰漫的湯屋時，看到裡頭的人們全身赤裸，跑出來一探究竟。」[(11)]

俄理范也寫道：「入浴中的男或女，除了拿著肥皂或其他日本傳統替代用品外，似乎都忘記自己身上沒有穿衣服，一群人擠在門口。」(12)從以上的記載來思考，當時在日本的街頭，目睹他人裸體是件稀鬆平常的事，也沒有必要去遮掩。由此可見，裸體似乎帶有「日常用品」的特性。然而，我認為不可妄下結論，還是得繼續探究當時日本人的生活習慣。

不在意他人目光的開放式住家

日本人在眾人面前露出裸體，絲毫不會感到猶豫，而且住家也是極為開放。「在住家的一樓，到了居民的就寢時間，他們會關上牢固且大片的木板門，但在就寢時間之前，通常都是門戶洞開的狀態。只要在夏天，一眼就能從外面看到居家內部的情景；就算是冬天，只要稍有好奇心，要觀察居民的生活型態，並不是一件難事。」以上出自在一八五九年（安政六年）起，曾三度來到日本的瑞士領事林道（Rudolf Lindau）的記載。他還指出：「居住在野外的日本人，也是相同的生活型態。」(13)

蘇安森的記載也與林道類似，他寫道：「日本人的家庭生活，幾乎都是開著大門的型態，除非是寒冷的冬天，必須得關閉門窗的時候，否則大多都是敞開大門與窗戶，這是為了促進室內通風。」他還提到：「即使路人投注好奇的眼光，日本人也不會用任何物品去遮掩住家。」總而言之，「如果是歐美人，會有盡可能遮掩外人目光的行為。」(14) 日本人並不會遮掩任何居家角落。

法國的年輕貴族波瓦，在看過日本開放性住家內的女性後，寫道：「我看到有名女性獨自一人看家，她坐在門檻上梳著頭髮，身上所穿的衣服是太陽光，就只有這樣而已。」波瓦所形容的，應該就是女性上身赤裸身體梳著頭髮的模樣（圖3-2）。無論如何，波瓦還提到：「這裡的一切，都讓我感到十分不對勁。」(15) 無法隱藏其驚訝的情緒。

「吉美國立亞洲藝術博物館」獲譽為東洋美術殿堂，是由工業家愛米爾．吉美（**Emile Guimet**）一手創辦。吉美在一八七六年（明治九年）八月二十六日，與畫家雷加梅（**Felix Regamey**）一同來到日本。隔天，吉美來到橫濱的小徑散步，他描述當時看見的情景：「我

圖 3-2　上身赤裸梳妝的女性

在與住家相連的小徑隨意散步，目睹了最為原始沒有經過任何修飾的情景。日本的家屋是被徹底分解的狀態，在如此炎熱的季節，居民拆掉所有作為牆壁用途的紙拉門，他們在所有路人都能從外面一探內部的地方生活，包括交談內容與睡覺的姿態，都一清二楚。」[16]在現代的日本，尤其是大都會地區，都會透過各種設施與建築結構嚴密地遮蔽私人空間，也就是自家內部。然而，吉美所見到的情景，在早期的日本社會應該是極為普遍的現象吧！

由於家屋為開放式，甚至有外國人擅自進入屋內。當時為了與怡和洋行簽訂傭船契約，來到日本的霍姆斯船長親口證實：「我常常進去日本人的家裡，看到有人在裡頭睡覺。」對於這位不速之客的造訪，日本人完全沒有表示不悅。霍姆斯船長還說：「如果我被居民抓住喉嚨，或是被踹、被追打，應該都不會感到奇怪，但實際並沒有發生這些情形，他們反而大表歡迎之意。」[17]因此，當時居家採開放式空間，並且不會在意被他人看見裸體的日本人，跟現代人相比，橫跨於彼此之間的圍籬，明顯低了許多。

在外人面前也能若無其事地用澡盆沖澡

看完上述關於日本人的生活習慣後，即使在外頭看到日本用澡盆沖澡或入浴的場面，也許就不會再感到驚訝。「筆者在鄉下閒晃時，當時雖然是秋末的季節，卻看到有人坐在家門口的澡盆裡，正在沖澡。（中略）因為日本人沒有羞恥心，他們也不會畏懼外國人，所以外國人才能進到家裡，觀察內部的景象。」(18) 普魯士使節團的成員貝爾格（A. Berg，第15頁團體照中上排右側的人物）如此描述。此外，俄理范也曾提到，自己曾在路上看過日本人入浴的景象。如同貝爾格與俄理范所描述，當時的日本人會在家門口擺放澡盆或浴槽，有沖澡或入浴的習慣。因為沒有任何遮蔽物，所以走在路上就能直接看到別人洗澡的景象，也不會有人介意，但對於外國人而言，這仍是難掩內心的驚訝之情。

再次引述霍姆斯船長的證詞：「我看到可愛的少女全身赤裸，從家中跑出來，他奔向離家門口約12英呎（3.6公尺）距離的長形浴槽。我停了下來，以免與她撞個正著。她跑過我的身旁，沒有任何害羞的神情，如同公鹿般敏捷地跳進浴槽。」這是在霍姆斯船長從長崎上岸的隔天，他所親身經歷的事情，當時為一八五九年（安政六年）二月。當全裸的少女站在霍姆斯船長的面前，霍姆斯船長原本擔心「少女的父親會從家裡跑出來，責備他闖入住家的行為」，但後來發現自己多慮了。「沒有發生我所擔心的事情，只見可愛的少女竊笑著，也沒看到她的父母親現身，少女在正中午的太陽底下喧鬧嬉戲。我一邊回想在路上所看到的奇特光景，在溫柔的女性船夫引領下，張起全帆往前行。」(19) 霍姆斯船長所提到「張起全帆」，字義耐人尋味，但我就不再深入探究。

愛爾貝號運輸艦艦長維爾納曾提到：「日本人會將個人浴場放在後院。」他有以下的描述：「我見到圓筒形的浴槽，高度超過一公尺，直徑約一公尺，下方設有爐口。」維爾納所見到的浴槽，應該類似於圖3-3的外型。此圖為摩士所繪，這是當時常見的浴槽形式之一。「然而，如同前述的內容，由於站在路邊就能一窺日本的家屋內部，即使路人並非出自本意，也會成為家庭入浴風景的目擊者。而且家屋沒有任何遮蔽物，能從近距離欣賞內部風景。」(20) 就像之前提到的，日本的家屋屬於開放性形式，因此就算將浴

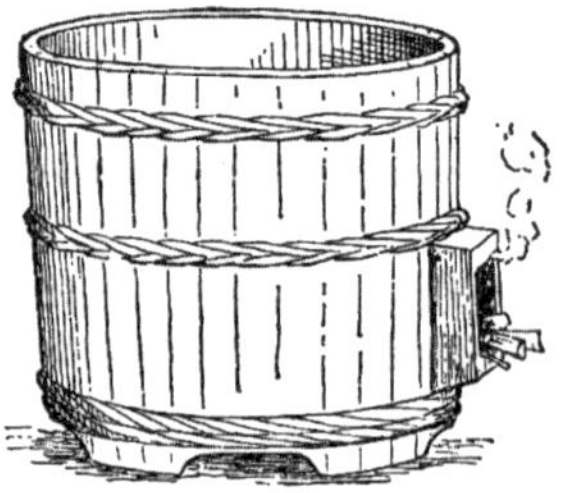

圖 3-3　摩士所描繪，當時的浴槽

槽設備放在後院，還是能從路上一探究竟。

《倫敦新聞畫報》特派畫家駐地記者查爾斯・威格曼（Charles Wirgman），也曾經目睹相同的景象。這是他在一八六一年（文久元年）四月二十五日來到長崎後，隔一天所發生的事情。「下午四時許，我們看到當地的居民脫光光，不分男女與小孩，一起在方形澡盆內沐浴。澡盆底部燒著柴火，藉此加熱熱水。他們用肥皂搓洗身體，嘩啦嘩啦地發出濺水聲，即使我們在旁觀看，他們也沒有任何畏懼。」[21]

與瑞士領事林道一同從橫濱遠行前往金澤的波瓦，在旅途中也目睹日本人用澡盆沐浴的風景，那是一八六七年（慶應三年）四月二十四日的事情。「當我們行經某座村莊時，當地人聽到我們騎馬時所發出的馬蹄聲，一群小孩大叫『唐人、是唐人！』（筆者註：外國人之意）在澡盆中沐浴的小女孩，急忙地衝出來看我們，笑臉迎人，和往常一樣，對我們說『夏伊歐』。」[22]之前提過，當時的日本人對外國人統稱為「唐人」，透過部分文獻記載，甚至可見「笨蛋唐人」的稱呼[23]。「夏伊歐」應該就是義大利文的ciao，為早安或你好的含意。無論如何，當時正在沐浴的小女孩，突然衝了出來，而非逃走，並來到外國人的身旁，當然也是全裸的狀態。對於

圖 3-4 雷加梅描繪的日本人沐浴圖

外國人的好奇心，以及對自身裸體不感在意的程度，其實就跟全裸從浴場跑出來看熱鬧的百姓，是相同的道理。

曾在橫濱的小徑見到日本開放式家屋景觀的吉美與雷加梅，同樣目睹日本人用澡盆沐浴的景象。吉美表示：「日本人的生活習慣，是一天之中至少會入浴一次，但即使有不認識的旅人在場，無論男女，並不會顧慮他人的眼光，依舊貫徹清潔身體的義務。」[24]吉美的用詞稍帶委婉。在此文章的旁邊，附有吉美的同行者雷加梅所繪製的素描插圖。這幅插圖描繪了日本家庭用澡盆沐浴的畫面（圖3-4），地點應為家屋的玄關，此處擺放兩個澡盆，兩名小孩在大澡盆裡沐浴，媽媽則蹲在小澡盆外洗身體，另一位全裸的小孩撐著傘站在後方，看起來應為父親的人物，則倚靠著柱子，看著小孩洗澡。

雷加梅寫在手冊裡頭的日記，也描述相同的景象，時間為他們來到橫濱的隔天，為一八七六年（明治九年）八月二十七日。「下午晚些時候，來到住所附近的花草叢生之處及農田散步，每當我們繼續前進，就會看到最為純樸的裸體光景。」接下來還有最重要的一句文字：「我看到年幼的小孩，撐著橘色的紙傘。」(25) 如同先前家庭沐浴插圖的內容，圖中有位撐傘的小孩，看起來有些突兀，但雷加梅所記載的內容，與圖中小孩的模樣相同。

雷加梅還寫道：「我們繼續前進，沿途欣賞迷人的植物，以及壯觀的蓮花池，紅白相間的蓮花盛開著。與道路相隔，有一戶人家。在傍晚時分，我看到這戶人家包含年輕的母親與女兒們，正坐在家門口的澡盆裡沐浴。」(26) 很可惜地，雷加梅並沒有留下插圖紀錄，但從其文字描述來看，很明顯地就是指吉美所記載的家族沐浴風景。

接下來要再次提到曾在日光湯元溫泉，與兩位全身赤裸的年輕女子相遇的摩士。他從日光回程途中，在戶外目睹日本人沐浴的景象。「在某戶人家的家門口，應該說是靠近大馬路的位置，我看到有位婦人，蹲在我之前看到的高風呂桶內沐浴。在這種情況下，對於一絲不掛的她來說，要嘛就趕緊躲進家裡，或是至少把身體藏進澡盆中。但出乎我意料，她並沒有停止清洗身體，而是若無其事地看著我們。」

附帶一提，當時拉著摩士一行人移動的人力車車夫們，完全不看那位婦人一眼。對此摩士表示：「事實上，在這個國家的三千萬人中，應該不會有任何一個人在沐浴時會躲起來吧！(27)

正在戲水的美少女們

如同在戶外用澡盆沖澡或沐浴，日本人在戲水時，也不會顧忌他人的眼光，而且大多為妙齡女子。普魯士遣日使節團特命全權大使歐倫堡伯爵，有令人印象深刻的記載。這是歐倫堡伯爵一行人於一八六〇年（萬延元年）九月二十八日，遠赴江戶郊外的王子時所發生的事情。一行人包括7位使節團成員、3位奴僕，以及10位日本官吏，整個班底浩浩蕩蕩總共20人。其中的成員，當然包括描繪〈下田公共浴場圖〉的海涅。

他們前往王子郊遊的旅途中，還有一段逸事。一行人經過一間「擁有眾多小植栽與樹苗的園藝店」，園藝店老闆有位女兒，氣質清新脫俗，眾人形容她「只要跟我們說話時，可愛的臉龐就會泛紅」。而且，「同團的年輕人，立刻迷上這名年輕貌美的女子」。根據歐倫堡伯爵的記載，當時為了勸說這群人繼續原有行程，可費了一番工夫。雖然只是短暫的經歷，卻能感受到當時外國人與日本人的心靈交會過程。

一行人大約在當天的11點抵達王子，在王子的茶屋小歇片刻，看到眼前這怡人的風景，歐倫堡伯爵開始想起故鄉的領地，品嚐著從江戶宿舍寄來的餐點。這時候，「茶屋的女主人，以及把頸部與胸口塗得泛白的四名女性」在旁作陪。不過，對於歐倫堡伯爵而言，這些女性的行為，簡直豪放不羈。

可是這時候，竟出現更毫無忌憚且大膽的日本人。歐倫堡伯爵提到：「就算作陪的女性如此，但讓人詫異的是，我看到隔壁住家的兩位年輕女子，突然跳進河裡沐浴。站在歐洲人的角度，我看到的是極為純真的一幕。」(28) 歐倫堡伯爵的說法相當委婉，簡單來說就是住在茶屋隔壁的年輕女性，毫不顧忌眾人在場，在眾目睽睽之下開始戲水。歐倫堡伯爵並沒有完整描述真實情況，但想必這兩位女子肯定是一絲不掛的狀態，之前迷上園藝店女兒的年輕外國人，看到這兩位年輕女性戲水的畫面，不難想像一定是看到目瞪口呆的程度，甚至連午飯都忘了吃，不停張開嘴巴流出口水了吧！此外，負責保護外國使團的日本官吏，並沒有特別在意戲水的女性，這也是值得探討的地方。對於官吏而言，這是稀鬆平常的光景，因此被當成理所當然的行為之一。

時間稍微往後，來到一八六七年（慶應三年）五月一日，法國人波瓦公爵也與歐倫堡伯爵一行人一樣，在王子目睹日本人戲水風景。波瓦當時在瀑布旁溪流附近的某間茶屋，享用著午餐，他記下日本人戲水的景象：「幸好在此沒有發生踰矩之事，這是日本簡樸的習俗特徵之一，我看到女性與其他年輕男性，總共約有50人，一同在急流中的清澈溪流裡戲水。」(29) 歐倫堡伯爵所見到的是兩位年輕女性，而波瓦公爵看到的是多位年輕男女。此外，波瓦公爵所記載的人數，或多或少會有差異，也許可以將這50人算成一半的人數。無論如何，這個地方應該是附近居民所熟知的戲水場所。

此外，不光只是在外人面前沖澡或戲水，日本人對於遮掩性器官的意識，原本就相當薄弱。美國第一任駐日公使湯森．哈里斯（Townsend Harris）的口譯亨利．赫斯肯（Henry Heusken）提到，自己在造訪「身分顯赫的日本人住家」時，他寫道：「日本主人全程熱情款待，請他喝茶想用餐點。接著，日本人開始詢問各種物品與人體器官的英文名稱，包括手、手臂、眼睛等，男主人的妻子與女兒等家人也都在場。全部人都想要了解這些英文名稱，因而擠在一塊。」向赫斯肯詢問英文名稱的日本人男性，抱著無窮的好奇心，最後他竟然「敞開和服，用手抓起他的陰部，在所有女性在場的狀況下，向我詢問各部位的英文名稱！」(30) 在現代的日本，這可是令人難以置信的光景。

前述的愛爾貝號運輸艦艦長維爾納也提到：「像是在繪畫、雕刻裡才會出現的猥褻物品，在日本大部分的商店中，都被當成玩具公然販售。爸爸會買給女兒、媽媽買給兒子，哥哥甚至會買給妹妹。」據說在當時，每逢神社的緣日，就會販售仿造男性或女性生殖器外型的物品，例如仿造男性生殖器所做成的神像，稱為「金精神」，遊廓門口都會掛上金精神木雕，祈求生意興隆。此外，維爾納還說：「日本十幾歲的小孩，幾乎都非常了解有關於性愛的知識，這是多數歐洲老貴婦都不了解的事情。」(31) 其他外國人的記載，都有提到日本的小孩或女性都會閱讀春畫書，說這是極為稀鬆平常的習慣，維爾納所提到的應該是相同的事情。

與現代相異的裸體觀念

看完以上的敘述，從中得知當時日本人對於裸體的觀念，與西方人所抱持的裸體觀念，兩者產生極大的歧異。以基督教的觀點來看，因《聖經》描述亞當與夏娃偷嚐智慧之果，才開始感覺到裸體是羞恥的事情。尤其是特別注重戒律且虔誠的新教，更是將裸體視為宗教上的一大禁忌，並帶有成見。因此，在他人面前露出裸體，是一件可恥的事情，對於當時篤信基督教的歐美人而言，這是共通的想法。

此外，看到日本人若無其事地露出裸體，同時感到厭惡的，並非只有西方人。東亞具有儒家思想的國家，也對於日本人的裸體觀念感到不解。從孔子時代以來，儒家思想認為在人前裸體或露出肌膚，是卑賤的行為。根據相關史料，就能見到從儒家思想的角度，來評論日本人習慣的記載。

德川幕府掌權時期，每當征夷大將軍交接之時，依照慣例，朝鮮都會派遣使者前往日本，也就是所謂的朝鮮通信使。德川吉宗就任第八代將軍時，第九次朝鮮通信使於一七一九年（享保四年）來到日本，使節團的書記官申維翰，就記載了自身的日本見聞，名為《海游錄》，其中有一段文字提到：「淫穢之行。便同禽獸。家家必設浴室。男女同裸而浴。白晝相狎。夜必設燈而行淫。各齎挑興之具。以盡歡情。即人人貯畫軸於懷裡。華牋累幅。各寫雲情雨態（男女交歡，指浮世繪的春畫）。百媚千嬌。又有春藥數種。助其荒惑云。」(32)

朝鮮從高句麗、新羅、百濟的三國時代（四～七世紀）開始，便深受儒家思想影響，從十四世紀至二十世紀掌政的李氏朝鮮，排斥佛教，儒教便取代佛教，成為國家的中心思想。申維翰就是在這個背景下來到日本，並寫道：「男女同裸而浴。白晝相狎。」從儒家思想的角度來看，就是將日本人的習慣視為「禽獸」行為。此外，從申維翰的記載中，讓我想起培理首席口譯官衛三畏的描述：「男女共同以裸體之姿現身街頭，不在意世俗眼光，男女無別地進入錢湯混浴。這類淫亂的行為舉止、春畫、猥褻之談等，庶民的劣等行為與思想表現，在此被視為家常便飯，越矩行為之嚴重程度，令人感到厭惡。」有趣的是，這兩位新教傳教士與儒家思想國家書記官，其見解剛好有不謀而合之處。

然而，如果不是新教的基督徒，也不是儒教的信奉者，就算從現代日本人的角度來觀察，不得不承認，當時日本人的習慣的確十分奇特。那麼，現代日本人對於裸體的想法為何？如果本章開頭所提到，「被別人看見裸體，是一件羞恥的事情」，這是現代人的基本常識。換句話說，裸體是「喚起自身羞恥心」的媒介。此外，先不提到宗教信條，當時的外國人或現代的日本人認為，對於裸體會感到羞恥的人類，是健全社會的思考。因為裸體受到羞恥心的強力規範，若做出跳脫規範的行為，例如在公開場合露出裸體等行為，就會被視為是反社會性行為，是一件不道德的事情。雖然時代背景不同，但當時的外國人與現代的日本人，都將裸體與羞恥心相互連結，這是共通的觀念。

不過，本書屢次提到羞恥心這個詞，羞恥心究竟是什麼？

日文國語辭典《廣辭苑》對於羞恥的定義為「讓人感覺羞愧的心情，或是羞怯的感情」，但羞怯的特徵是包含「看到性對象後，產生羞愧的心情」(33)。更具體地描述「性對象」，就是讓人聯想起性行為的所有事物。從以上觀點來思考，法國思想家布洛涅（Jean Claude Bologne），對於羞恥心的定義為：「在進行或思考性行為，或是目睹與性相關的事物時，會感到羞愧、困惑的感情。」[34] 換言之，可以肯定的是，若人們懷有羞恥心，便是將裸體與性產生連結，當時的外國人也是如此。

當霍姆斯船長目睹少女沖澡的情景時，他原本擔心「少女的父親會從家裡跑出來，責備他闖入住家的行為」，身為現代人的我們，可以理解霍姆斯船長當時的心情。當船長站在一位全身赤裸的陌生女性面前，一定會在意旁人的想法，很怕被誤會自己是想要偷窺或發生性行為。此外，在王子瀑布看見日本年輕男女戲水風景的波瓦公爵，提到：「幸好在此沒有發生踰矩之事，這是日本簡樸的習俗特徵之一。」以現代人的角度，完全可以理解「踰矩之事」為何意。

對於日本人的混浴習慣，哈里斯提到：「對於任何事情都相當嚴謹不容錯誤的日本國民，為何會做出如此低俗的行為呢？」因此感到困惑。然而，他還表示：「他們並不認為，這樣的行為，會有損女性貞操。」更提出結論說：「日本人裸體的行為，反而可以減弱因神祕與苦悶所引發的情慾之力。」[35] 在哈里斯的記述中，可明顯看出他將裸體、混浴與性，產生緊密的關聯性。

但是，當時的日本人即使公然露出裸體，並不會因此損及貞操。簡單來說，裸體與性的連結性並不強，以下的故事就能加以證實。瑞士領事林道曾經與具備高度教養的日本人，討論日本人混浴的特殊習慣，當時林道向對方表達身為歐洲人所懷有的憤慨，以及疑惑之處，但該名日本人完全無法認同。他說：「當我在澡堂看到一位赤裸的女性時，我也不會刻意撇開視線喔！我不覺得這樣有什麼錯。」(36)

還有另一段故事，一八六六年（慶應二年）來到日本的英國外交官密福特（Algernon Bertram Freeman-Mitford），曾回想起當時與某位日本紳士，討論有關於日本混浴的風俗習慣。密福特對那名紳士勸戒：「西方人認為男女混浴，是一件不道德的行為。」對方聳肩回道：「但是西方人啊，都是好色的吧！」(37)密福特所提及的不道德行為，是將裸體及混浴與性做聯想，並認為男女應該會在澡堂發生性行為，他透過個人的意見，來傳達西方人普遍的想法，並將裸體與性緊密連結。相較之下，日本人的回答，可說是超乎密福特意料之外，更可說兩人的對話是毫無交集。

由此可見，當時的日本人並未將裸體與性直接連結。那麼，對於當時的日本人而言，裸體究竟是什麼？根據外國人的各類記載來思考，可得到以下的假設結論，那就是日本人將裸體當成「臉部」的延伸，也就是將裸體與「臉部」視為相同的部位。

作為臉部延伸的裸體

來思考一下現代人都有的「臉部」吧！對於自己的臉部長相會感到羞恥的人，應該非常少吧！以筆者為例，我並不認為自己的長相很好看，但我以這張臉出門，即使搭電車時，完全沒有羞恥的感覺；換作是女性，也許多數人都不會素顏出門，但我沒看過有女性會因為自身羞恥心的關係，出門時刻意遮住所有臉部。雖然有些女性會因為宗教信仰的關係，必須遮臉出門，但我認識的女性中並沒有這類族群。此外，街上各種不同長相的路人熙來攘往，社會上的不成文規定，就是不可以一直盯著他人的臉部看，雖然法律沒有規定，但為了維持和諧的社會與人際關係，這已經是眾人默認的共識。

以上就是身為現代人的我們，對於「臉部」所自然定義的社會規範，至於幕末時代的裸體，應該也適用相同的規範吧！綜觀外國人的各類記載，不得不說的是，當時的人們對於露出裸體的感覺，就跟現代的我們在公開場合露出臉部，沒有太大差異。無論是在公共浴場混浴的人們、從公共浴場以赤裸的狀態回家的人們，以及在眾人面前沖澡的人們，所有人都是一樣。還有，不會有人會一直盯著別人的裸體看，這就跟現代人不會一直盯著他人的臉部看，都是屬於默認的共識。英國政治家張伯倫（Neville Chamberlain）曾引述《日本郵報》（Japan Mail）編輯的話：「在日本可以看到裸體，但不能盯著看。」(38)的確如此。如此看來，就能理解公共浴場的混浴習慣。不過，日本人並非一整天都是裸體的狀態，當然也會穿上和服，這就跟女性的化妝習慣是一樣的道理。

換言之，在當時的日本社會，雖然到處可見裸體的景象，但裸體只是臉部的延伸，就跟臉部一樣，都是「日常用品」。因此，要對於日常化的裸體感到羞恥，當然是非常困難的事情。先前提到，當林道質問某位日本男性混浴的習慣時，他回說：「當我在澡堂看到一位赤裸的女性時，我也不會刻意撇開視線喔！我不覺得這樣有什麼錯。」說出這樣的話，的確很有道理。看到被當成日常用品的裸體，並不是一件壞事。此外，從日本人的角度來衡量，西方人看到被視為日常用品的裸體，進而聯想到性的層面，反而會被日本人認為「西方人都是好色的」。

美術史學者若桑綠，對於當時日本人的裸體習慣，有以下的論述：「提到江戶的習俗，就是在街上經常可以見到人們裸體走來走去。雖然有暴露的身體，但卻感受不到有造成身體危險性的『視線』。換言之，身體所擁有的含意，已受到制度所規範。因為是無害的，所以檢視身體含意的行為，早已視為禁忌，即使有特殊含意，也會被當成『沒有』。在江戶這個高度發達的文明化社會，人們在白天能用裸體的姿態自由徘徊，其理由就是人類的身體，受到高制度規範的視線所包裹，除此之外找不到其他的理由。在日本文明開化時期前，人們之所以能公然裸體走在街上，就是因為身體被視為無形的緣故。」(39)

若桑綠的論點，就是裸體受到制度化的影響，成為無形。用一句話來形容此制度，就是「作為臉部延伸的裸體＝日常化的裸體」，刻意使用無形的詞語來形容，是因為裸體成為日常化後，成為無形。然而，對於若桑所提到的「檢視身體含意的行為，早已視為禁忌」，則要打上問號。對於當時的日本人來說，他們的腦海中並沒有浮現禁忌一詞，而是將露出裸體當成自然的行為。同樣地，若桑還提到「人類

圖 3-5　歌川國貞《女湯吵架圖》

的身體受到高制度規範的視線所包裹」，但我並不認為有如此誇張。現代人在看到他人的臉部時，難道會用「高制度規範的視線」來檢視嗎？我想，當時的日本人是將裸體當成「自然的日常用品」而已。不過，我們不會盯著他人的臉一直看，如果說這是高制度化的緣故，也許的確如此。

接下來要舉出幾個將裸體視為日常用品的極端例子。首先，是歌川國貞所畫的《女湯吵架圖》（圖3-5），畫中可見幾名露出陰部的女性，包括揮舞水盆作勢要打人的女性、勸架的女性、折回洗浴場的女性，以及從石榴口跑出來的女性等，畫中描繪女性吵架的景象，只能用慘烈來形容，完全感受不到任何色情含意。在看到這些女性的裸體時，會有男性產生情慾嗎？我想應該會想要撇開視線，至少不會一直盯著看吧！這就是裸體成為日常化的象徵性表現。

然而，為了避免誤解，在此補充說明。當時的日本人露出裸體或性器官，並非完全不受約束，在某些場合下，還是有所限制。

再來要說一段小故事。一八六七年（慶應三年），法國舉辦巴黎萬國博覽會，日本也派使節團前往法國，將軍德川慶喜的弟弟德川昭武擔任代表，率領使節團參加萬國博覽會。一行人前往法國的途中，短暫停留在印度洋上的錫蘭島（現今的斯里蘭卡）。「同七日（西元三月十二日）早上七點，抵達比錫蘭島（筆者註：錫蘭島）的內荷安多加爾（現今的加勒島）。」使節團成員之一的澀澤榮一如此寫道；他在明治時期，成為一位大實業家，具有極高權勢。一行人於錫蘭島下船，尋訪島內的寺院，並前往山頂欣賞美景。澀澤旅行回到旅館後，對於在吃午餐時看到侍者的裸體，寫道：「回來後開始吃午餐，看到每位侍者全身赤裸，僅用塊兜檔布遮掩

下體，令我感到厭惡。」(40)

雖然只是簡短的幾句話，從澀澤的記載可看出，裸體並非是任何時候都能得到允許的行為，更何況是露出性器官。附帶一提，澀澤為農民出身，並不具有傳統武士的風範，所以他並不是站在武士的觀點，而是以一般平民的角度，來述說自身的感想。

提到當時日本人的穿著，即使旁人能輕易看到胸部或跨下，也不會隨便露出性器官，還會用兜檔布或襯裙來遮掩，因為怕被別人批評難看或隨便，或是有其他的理由才會用衣物遮掩。此外，如同澀澤所見的例子，日本人在用餐時，是有著不喜歡看到侍者裸體的習慣。換言之，露出裸體是否適宜，會依據場合有明顯的區分。

日本人對於遮掩裸體或性器官的規範，的確寬鬆許多，但這是以西方人的觀點來做檢視的標準。更明白地說，日本與西方的基準規範，有很大的落差。至於日本與錫蘭島的風俗習慣，當然也有差異。

裸體與春畫的關係

如同以上所述，當時日本人認為裸體是臉部的延伸，將裸體視為日常，因此不會將裸體與性緊密結合，這是筆者的論點。然而，對於以上論述，又會產生以下的疑問，春畫明顯與裸體及性相關，具有讓人從裸體聯想到性的作用，這又該如何解釋呢？

針對以上疑問，可以作以下解釋。春畫的特徵之一，是巨大的性器官，誇張地描繪性器官的細節，以及寫實性插入的景象，而且做愛的體位宛如特技。此外，在現代裸體畫中，極重要的胸部器官遭簡略化。換言之，春畫的主題並非裸體，而是性行為本身。

身處現代社會的我們，只要看到裸體就會產生性慾。但是，在將裸體當成日常用品的古代社會中，除了裸體，還必須尋找其他能產生性慾的因素，若性慾衰退，則會影響到生殖行為的次數，造成民族滅絕。再者，春畫又名「滑稽畫」，強調性器官的性行為過程，也被視為逗趣的對象。只是在以誇張的形式表現性行為的同時，在某些時候與場合放大性交的印象，藉此提振觀者的性慾。後來「滑稽畫」又快速轉變為「枕畫」，但是透過枕畫所產生的性慾，與單純看到裸體而產生的性慾又有所不同。枕畫所產生的性慾，僅是由誇張形式所表現的性器官與性行為而來，這就像是觀看拍攝男女性行為的色情片，會比單看裸體照片更能引發性慾，如此形容更為貼切。所以無論是春畫或色情片，著眼點都在於性行為本身，而非裸體。

此外，將裸體視為日常的傳統社會中，男女的差異性並沒有像現代如此明顯，因此在描繪性交場面時，必須明確地闡述男或女的身分，於是用誇大的表現來放大性器官，這也是主要原因。另外一個相同的理由是，大多數的春畫並非描繪全裸男女，這也是值得留意之處。當男女穿上服裝後，即可明確地辨別男女身分。藝術史學家斯克里奇（Timon Screech）提到：「將服裝或髮型當成區分男女性別的記號，顯得更為重要。」(41) 這也說明裸體為何成為日常化的理由。

另一方面，有人會提出反論，認為浮世繪雖然沒有描繪性行為畫面，但也有描繪許多女性的裸體，美人出浴圖就是代表。然而，浮世繪雖描繪裸體，但全裸的畫面相當少，這都有體現斯克里奇所提到的「將服裝或髮型當成區分男女性別的記號」之特徵。美術史家宮下規久朗也指出：「日本人不會單從裸體來發現有關於性的魅力，而是從包裹在衣服之內的裸體，透過兩者的相互關係，才開始產生性的魅力。」[42]換言之，若僅單純描繪裸體，便無法跳脫日常的範圍，要有性的魅力，得藉由其他的要素來加以凸顯才行。

宮下還提到：「性愛和裸體與否無關，而是因場合或狀況而生。」針對發生性愛的場面與狀況，他說：「就算是看他人的裸體，平常也不會一直盯著看，唯有在性交或露出性器官時，或是偷窺他的裸體時，在限定的狀況下裸體才會讓人產生強烈的性衝動。」[43]春畫所描繪的情景與狀況，正有如宮下所述的情形，而誇大的性器官與性行為，以及衣服或髮型，都是用來強調這類情景與狀況的方式。

先前提到的法國思想家布洛涅還說：「在中世時期，羞恥與行為產生連結（因接觸裸體而引發的淫蕩行為），但到了十六、十七世紀，羞恥變成依存在視覺下的感受。」[44]根據布洛涅的說法，當時日本人的觀念，應該比較接近中世的西方人。

便於控制性觀念

當我們看到海涅〈下田公共浴場圖〉裡頭，男女混浴的景象時，雖然同為日本人，卻產生突兀的感覺。相同地，像是在街頭沖澡的人們、在眾人面前戲水的人們，以及從公共浴場全身赤裸走回家的人們，都讓我們產生奇特的落差感。如同當時的文化，人們將裸體當作「臉部」的延伸，而現代文化則是將裸體與性緊密連結，兩者產生歧異。感受到突兀與落差感的我們，在這一百五十年之間，對於裸體的思維，幾乎趨於西洋化。對於現代日本人而言，已經將當時的日本人當成外國人看待。

那麼，當時的日本人是在什麼樣的淵源下，將裸體當成日常用品呢？這至今依舊是個謎。解開此謎底的提示，是解剖學家養老孟司所提出的唯腦論。養老孟司的唯腦論重點在於：「稱為大腦的器官，站在其法則性的觀點上，全盤性地觀察人類活動。」(45)

腦部的主要機能，是以維持自我生命為主要目的，只要人類滅亡，大腦也隨之消失。因此，腦部為了自我保護，負責管理包含肉體的各部器官，而形成受到高度統御的人工社會，也就是由腦部所管理的社會，養老先生將此社會稱為「腦化社會」。在此社會裡，腦部所加強管理的是暴力與性，暴力會抹殺腦部的存在，自我的腦部也許會受到暴力所破壞，因此腦部才要加強管理暴力。此外，對於將理性當成根本價值的人而言，性慾是極大的敵人，因此必須透過腦部來管理性。

管理性的方式有好幾種，但大致上可歸納為兩種，第一種是徹底隱藏的方式，另一種為開放的性觀念，將性當成日常化的方法。要選擇何種方式，全憑「腦部」來決定。

有關於管理性的方式，不用多說，西方社會選擇的是前者。西方人原本就擅長「將事情分門別類」的方式，法國哲學家笛卡兒認為思考的基本態度，是「盡可能做到細分，將目標事物分割為小部分。」[46]這是西方人「分門別類思想」的體現。至於選擇隱藏的方式，就是與其他方式做區別，完全應用了「分門別類思想」。

另一方面，以前的日本人，則是選擇後者的方式。有別於西方社會的「分類社會」，日本又被稱為「包裹社會」。曾擔任日本文化廳長官的心理學家河合隼雄，將此日本文化特徵稱為「中空均衡構造」，其概念為「沒有力量與作用的中心，與相對力量之間取得均衡的結構」，處於相反位置的是「中心統合構造」。河合先生指出，這是猶太、基督教等一神論的特徵。中心統合構造，以中心為絕對性，並排除無法相容的事物；相對於中心統合構造，中空均衡構造將「善惡、正邪的判斷視為相對化」，主張「決定統合性的事物，以避免決定性論戰。」(47) 也就是說，中空均衡構造可合併並包裹事物。擁有此性格的日本人，會選擇性開放的管理方法，並不讓人感到意外。

接下來要介紹相關的實例，來驗證日本人選擇性開放的管理方式，首先為畫中出現小孩的春畫（圖3-6）。這幅畫是喜多川歌麿《會本妃女始》（一七九〇年，寬政二年）的其中一幅畫。當小男孩看到姊姊與陌生男性發生性行為時，喊著：「你怎麼可以用陰莖插入我家姊姊的肚子？你這個小偷！媽媽，姊姊的肚子被陰莖插入了。」小孩一邊喊叫，一邊抓住男子的頭髮。姊姊帶有困擾的表情回說：「弟弟啊！姊姊不會死翹翹啦……叔叔只是在幫我按摩，你不要大驚小

圖 3-6　出現於春畫中的小孩

怪啦！」她還說：「現在是最緊要的關頭。」(48)小孩似乎沒有打算停止與男子交戰。這些對話看似玩笑，但日本人對於性觀念開放的程度，的確讓人感到不可思議。

日本許多春畫都有類似的內容，對於這類春畫，美術史家早川聞多提到：「談到日本的性風俗，日本人對於性愛的忌諱，可說是相當薄弱，因此欠缺禁止小孩目睹性愛場面的意識。這些春畫所反映的，是日本的小孩比較容易接觸到大人性愛場面的現實。」(49)那麼，若採開放的方式來管理性愛，會有什麼樣的結果？性愛所不可少的裸體，當然也會變得開放，這樣使得裸體成為日常用品，變成臉部的延伸。以上就是裸體日常化的背景，最大的原因，來自於腦部對於性採開放式的管理。

以不同的價值標準為優先

要徹底地隱藏性，或是當成日常用品，這是兩個處於極端的關係。然而，從腦部負責管理性的含意來看，目的都是相同的，只是手段不同。引用先前若桑綠所提出的論點，她認為：「這兩種方式看似處於對立，但在社會之中，身體受到文化所控制，這點是相同的。」(50)為了延續社會，腦部只是選擇其一的方式而已。

但是，徹底地隱藏性的文化，以及將裸體日常化的文化，兩者一旦接觸時，前者一定會感受到極大的衝擊。要否定性的隱藏，就等於是將理性的最大敵人，也就是性，攤開在陽光之下。這是理性的危機，也是隱藏裸體文化的危機。當中心統合構造的原理產生作用時，便極力排斥將裸體當成日常用品的文化。

我們已經以不同的價值標準為優先，站在排斥裸體的立場來觀察，最明顯的例子之一是《培理艦隊日本遠征記》的論調。從書中內容可看出，對於日本混浴與不雅畫的氾濫，作者表示難以理解，並指責日本人為「淫穢之人」，同時對於日本人的行為斷定為「無法無天的程度不僅讓人反感，也是代表日本人污穢且墮落的可恥烙印」。培理的隨行口譯官衛三畏也是抱持同樣的想法，他斬釘截鐵地形容日本人：「他們完全不知檢點，且厚顏無恥，如此描述絲毫不為過。」「這類淫亂的行為舉止、春畫、猥褻之談等，庶民的劣等行為與思想表現，在此被視為家常便飯，越矩行為之嚴重程度，令人感到厭惡。」在衛三畏曾造訪的眾多國家中，他認為「日本人最為淫穢」。此外，隸屬培理艦隊密西西比號的士官史伯丁提到：「在此所發生令人厭惡且不道德的習慣，讓人難以撇開視線。」

除了培理一行人，還有許多外國人對於露出裸體或混浴，採排斥的態度。法國人杜賓曾說過：「這個國家的人們，並不知道我們平常所稱之的羞恥心。」此外，與衛三畏同樣虔誠信奉基督教的史密斯主教（George Thomas Smith）表示：「日本人毫無深謀遠慮，也不覺得自己的行為，不合乎道德上的禮儀。」還斷言說：「日本人是世界上最厚顏無恥的人種。」(51) 美軍軍艦波瓦坦號副艦長約翰斯頓提到：「在我遠征的經歷中，從來沒見過如此醜陋的光景，完全有別我之前對於女性貞節所抱持的觀念，其衝擊程度令我遲遲無法平復。」從約翰斯頓的描述能感受到，當他接觸到將裸體日常化的文化時，其內心的衝擊程度，並評論日本人為：「聰明機靈但令人厭惡的人類。」身為朝鮮通信使成員並信奉儒教的書記官申維翰則評論日本人：「淫穢之行。便同禽獸。」

努力克服文化的差異性

不過，令人意外的是，有許多外國人並不會排斥露出裸體的文化，反而提倡與這類文化共存，這也是值得留意之處。關於這點，渡邊京二在著作《逝去的面貌》

（逝きし世の面影）已有相關論述，因為是極為重要之處，所以接下來再回顧外國人的記載吧！首先是來到長崎的霍姆斯船長，他說：「就像是人類墮落之前，在伊甸園生活的人類祖先。這些人是否也有同樣純真的心靈？」然而，經過反覆思考後，他認為：「他們並非為純真而嚴守貞操，只是因為混浴是日本的風俗習慣。」霍姆斯船長擁有豐富的航海經驗，並且在著作中寫道：「我們應當入境隨俗。」(52) 對於日本人的習慣，他也是遵從這個道理。

愛爾貝號運輸艦的艦長維爾納，也是認同日本習慣的外國人之一。對於日本的風俗習慣，維爾納說：「羞恥不僅單純是細微的感情象徵，也會受到氣候所改變。當天氣越熱，人們就不會被事物所擾，也不會拘泥於穿衣服這件事情上。」維爾納是依據地理性來支持日本人的習慣。他還指出：「對於謹言慎行或羞恥心，他們是抱持著不同的觀念。」並冷靜分析外國人在接觸日本風俗習慣時，內心大受衝擊的結構性。維爾納更表示：「日本人與他人的相處形式，完全屬於歐洲風，具有風度且彬彬有理。」因此，「在不知不覺中，我們將自身的教養基準套用在所有情形上，所以如果從所習慣的思維來看待外界事物時，一旦突然接觸到完全不同的風俗習慣，我們就會感受到異樣且令人不悅的衝擊感。」這是維爾納的論點。先前約翰斯頓副艦長所感受到的衝擊，也是屬於以上的類型。維爾納下了結論說：「他們只是露骨地看待，這些隱藏於我們的習慣之下的自然行為，我們不應該將之視為罪惡。」(53)歸納其重點，將歐洲人的道德標準視為獨一無二，是錯誤的行為，這是維爾納的立場。

法國律師布斯凱（Georges Hilaire Bousquet），曾於一八七二年（明治五年）受日本政府聘請來到日本，他用「正直的習俗」來形容維爾納所描述日本人的「另一種觀念」。布斯凱認為，正因為是實質上的習俗，才能與裸體的習慣產生協調性。他說：「（日本女性）去男女混浴的公共浴場也不會在意，近年來江戶也開始有類似的習慣，農村也是如此。這不會影響日本女性的羞恥心，因為她們前往公共浴場前，並沒有不安的感覺。大家在浴場擦拭身體，用肥皂搓洗，泡在熱水裡，透過這些浴場的光景，從中證明正直的習俗與裸體習慣的協調性。」(54)另外，如果用古典邏輯的推理方式（contraposition）來分析布斯凱的論述，就是「如果無法與裸體產生協調性，就不算是正直的習俗」。不用多說，如果原始的命題為真實的，那麼反論也是真實的（若P就Q；若非Q就非P）。

瑞士領事林道的想法，比起維爾納與布斯凱的論述更勝一籌。他指責外國人的缺點：「所謂的羞恥心，就是盧梭所提到，合乎道理的『社會制度』。」林道指出：「法國人的羞恥心，不僅有別於回教徒的羞恥心，身為現代人，我們的羞恥心也與祖先的羞恥心有諸多差異之處。」他還表示：「各人種的道德教育，或是風俗習慣，都有符合或違背自身禮儀之處，並樹立一套標準。」換言之，林道認為道德或習慣的標準，依人種或時代而有不同的立場，他表示：「老實說，他們在自己的祖國，在那樣的環境長大，也沒有觸犯任何社會規範，不應該批評他們為無恥之徒。」(55)林道認同日本人的習慣，並將矛頭轉向外國人。

「在遠東地區的市場，大量流傳從倫敦、巴黎等其他高度文明地區而來的商品，相信很多人都看過這些在市面流通的照片。然而，外國同胞卻對日本人欠缺羞恥心而感到震驚。對此，我會毫不猶豫地賜給這些外國人至高無上的墮落榮冠。」(56)林道所提到的「照片」，指的是提供給外國人欣賞的裸體色情照片。對於這點，林道心中的疑問是，外國人應該比日本人更為寡廉鮮恥才對。

丹麥人蘇安森也抱持與林道相同的意見。對於日本人的習慣，蘇安森表示：「與其從倫理的角度來批評他們不道德，倒不如說是自然的純樸性所形成的習慣。」他選擇支持日本人的習慣。此外，蘇安森也沒有忘記替日本女性辯護，他說：「日本女性並不會刻意去製造暴露身體優勢的機會。」他還指出：「像是在進行沐浴或化妝等自然行為時，才不會顧忌他人的目光。」還說：「即便這樣說似乎還是有失謹慎。但就我個人的意見，與其批評她們有失嚴謹，不如說當外國人屢次用下流的目光來看這些裸體景象，而非選擇迴避，還斥責日本人淫穢或不知廉恥時，身為外國人的我們，應當要自我反省才對。」(57) 比起指責日本人的行為，外國人更應當自我反省，這是蘇安森的意見。

此外，也有像是地質學家龐培里的類型，在親眼目睹日本人的風俗習慣後，開始自我反省。就像是在梵蒂岡雕刻陳列室裡頭的大量裸體雕像一樣，對於日本的公共浴場，龐培里認為「心懷邪念者蒙羞」，外國人得自我警惕才行。在探討日本人的習慣時，龐培里寫道：「對於歐洲人而言，應該會大感吃驚，但這與日本人謙虛有禮之處，是可以兼容並蓄的。縱然是賢淑的日本貴婦，在做類似的行為時，也沒有大礙。」(58)

不同觀念的相互爭論

由此可見，對於暴露裸體的行為，西方人也分為排斥派與認同派。排斥派將自己國家文化視為優越且唯一的基準，並以此基準來檢視他國文化；認同派認為文化不分優劣，應當採共存的方式，兩派產生了對立。前者以衛三畏為典型人物，還有雖然不是西方人的申維翰，也是屬於排斥派。此外，回顧近現代的人物，提倡「文明化理論」的社會學家伊里亞思（Norbert Elias）也是屬於前者。伊里亞思將現代歐洲與中世或未開化社會比較，將歐洲列為「文明化」社會，當他以「文明化社會＝歐洲自我意識」(59)的角度來檢視時，就會將中世紀或未開化社會列為低等文化。

另一方面，像是維爾納、布斯凱、林道、蘇安森、龐培里等人，雖然在外國人之中屬於少數份子，卻能認同日本人公然露出裸體的習慣。在面對不同的風俗習慣時，這些外國人的態度與應對方式，是適用於現代社會的重要啟發。像是伊里亞思、衛三畏、申維翰等人的思想，都是將自身社會或文化視為最佳的基準，這是令人擔憂的地方。無論是在歐洲、伊斯蘭、中華地區，這樣的思想很容易與基本教義派（原教旨主義）產生連結，徹底排除無法相容於既有觀念的事物，就是基本教義派的特徵。在現代社會裡，還是能見到類似的思想，這也是造成嚴重社會問題的原因。

約束個人行為的構造，屬於一層層相疊的結構。首先，個人的行為會受到家庭的價值基準所深深影響，而家族行為則受到社會或地區的價值基準所約束；更上一層，還會受到宗教、國家等龐大結構的基準所束縛。布洛涅曾說過：「無論是置身於海岸或是香榭大道，泳衣並沒有相同的意義。」他還表示：「換言之，個人的羞恥，也就是因裸體或幾乎沒穿衣服的狀態（或是不小心被別人撞見）所感受到的羞恥，會隨著不同時期或場所，受到決定暴露容忍度的社會性羞恥所影響。」(60)布洛涅所提到的社會性羞恥，沒有別的，當然是指約束個人行為的社會或國家的基準，也就是盧梭所提到的「社會制度」。此基準扎根於各個國家與社會，無法與之相容的基準當然會在不同的時代或社會形成。恰巧地，西方人選擇遮掩裸體，日本人將裸體日常化，是各自選擇不同的道路。

在這樣的背景下，所形成的人類文化或習慣，哪一個基準較為優異？的確讓人很難評論。民族學家德爾（Hans-Peter-Duerr）曾反駁伊里亞思的文明化理論，並列舉出中世紀或未開化社會中，依舊存在多數伊里亞思所認定的文明行為(61)。如同先前林道所述：「法國人的羞恥心，不僅有別於回教徒的羞恥心，身為現代人，我們的羞恥心也與祖先的羞恥心有諸多差異之處。」就是最明顯的例子。然而，德爾所論述的重點，並不在於是否有其他地區存在著比西方更為文明的社會。最重要的是，在不同的風俗習慣中，去探究哪些行為才是優越的，並沒有任何意義。

話說回來，若以唯腦論的立場來思考，無論何種結構，都是人類腦部選擇對自己最為有利的方式，所思考而成的理論。只有該結構侵犯其他結構的自由或權利的時候，才會為人所非議。林道提到：「老實說，他們在自己的祖國，在那樣的環境長大，也沒有觸犯任何社會規範，我們不應該批評他們為無恥之徒。」就是在主張以上的論點。由此來看，當我們接觸其他文化時，與認同裸體的外國人一樣，抱持相同的態度，才是貼切的行為。借用心理學家河合隼雄的論點，就是以「中空均衡」的態度來看待他人。

然而，身為現代人的我們，在看到海涅的〈下田公共浴場圖〉後，還是會產生極大的突兀感。如同之前所探討的，我們的思想就等同於伊里亞思所提出的西方文明化。換言之，在這一百五十多年間，日本人已經完全喪失將裸體視為臉部的延伸，並日常化的觀念，取而代之的是西方人的羞恥心，也就是將裸體與性愛直接連結的觀念。

像是瑞士人漢伯特等外國人就曾預言，日本人會逐漸接受西方人的作風，他說：「一般人都會認為，日本人欠缺羞恥心，但我無法認同。」可見他贊同日本人的習慣，也屬於認同裸體派。然而，漢伯特提到：「隨著時代變遷，曾去過歐洲的日本人，尤其是長期待在歐洲的人士，一定會對於日本原有的文化產生影響。當這些人比較東西方文化的差異性，並滿腔熱血地引進西方文化的各種細節時，就會想要改革以往經常被外國人嘲笑的風俗習慣。」(62) 漢伯特的預言的確成真。後來，日本明治新政府便訂定國家方針，打算杜絕漢伯特所說的「經常被外國人嘲笑的風俗習慣」。

吉美也認同日本人的習慣，他用堅定的語氣說：「我要嚴正說明，羞恥心是壞習慣之一。日本人並沒有壞習慣，只是我們將壞習慣強加在他們身上。」(63) 吉美的預言也成真了。此外，日本人是如何慢慢染上吉美所說的「壞習慣」呢？其裸體觀如何產生變化？在接下來的章節，將有更為深入的探討。

第四章｜受到鎮壓的裸體

從西方文明的多重面向來看裸體觀念的變遷

英國人闖入女湯事件

一八五八年（安政五年）八月中旬後，江戶發生一件離奇事，那就是英國人闖入公共浴場的女湯，引發一陣騷動。

幕臣廣瀨六左衛門寫道：「大約是一兩天前的事，英夷在走回家的路上，在濱松町發現一處泉湯……」他還描述：「有位英夷從右邊入口進入，因闖入女湯，入浴者甚為驚慌，只能全身赤裸逃離。」由於有位英國人闖入女湯湯屋，在裡面入浴的女性都狼狽地，以全身赤裸的狀態逃離現場。陪同英國人的日本官吏，因語言不通，只能用手勢示意他們「到外頭去」，但英國人又進入男湯。廣瀨六左衛門說：「他們在步行途中，常常停下來吃東西，行徑極為粗俗，與魯夷完全不同。」(1)

從廣瀨六左衛門的記載可知，他認為比起俄羅斯人，英國人是非常不禮貌的民族。當時的英國正逢維多利亞時代，身為產業國家經濟發展迅速，在世界上占有一席之地。盎格魯撒克遜人因自身優異的文明而感到驕傲，在他們的眼裡，應該會把日本人當成低等人種看待。

日本幕末時期，尊王與攘夷思想合併，產生尊王攘夷論。古代日本把西方人稱為南蠻人，如同字面上的意思，就是南方的野蠻人，而攘夷的「夷」，指的是未開化的異國民族。為了鞏固皇國日本的領土，尊王攘夷論的基本立場，是主張對抗野蠻夷狄的侵擾，當尊王攘夷思想過於偏激時，往往就會發生日本人攻擊外國人的暴力事件。再者，如同外國人闖入女湯的例子，當日本人目睹外國人粗俗的行為時，認為夷狄都是野蠻人的刻板印象便逐漸加深。也就是說，日本人的思想受到了日常經驗所驗證，進而堅信心中想法。在這樣的背景下，攘夷思想日漸高漲。幕末時期，不斷排擠、抨擊外國人的日本人的確有不對之處，但是對於外國人衍生出的許多問題，此舉毋庸置疑。

事實上，在第二次世界大戰後，經常發生類似上述外國人闖入女湯的事件，錢湯「竹湯」的女老闆菅原清江提到：「三月九日美軍對日本發動空襲，東京化為一片焦土，在品川地區，戰火摧殘下僅存的浴場依舊營業著。當時美軍每天晚上穿著鞋子直接闖入女湯的更衣間，拿起相機四處拍照，讓人感受到莫大的恥辱，這是身為戰敗國的悲慘命運與切身之痛。」(2) 闖入公共浴場的英國人與美國人，兩者的時代背景不同，但可以想像的是，他們都認為自己比日本人更為優越，因民族的驕傲而做出無禮的行為。

無論如何，從英國人闖入女湯並造成女性倉皇逃離的騷動事件，可看出日本人裸體觀念產生變化的過程，這是令人感興趣的地方。首先，提到與此類事件有關的人物，讓人想起前面德國商人盧多夫與英國軍艦巴拉庫塔號的將領特龍松，當初盧多夫聽到美國將領跟他聊到有關於日本浴場混浴的經歷，便打算親身前往公共浴場一探真實性，當時為一八五五年（安政二年）六月。此外，特龍松則是在一八五六年（安政三年）四月造訪箱館，他一到達箱館後，不確定是否有進出海關，而是選擇直接前往日本的公共浴場，還提到：「我之前就曾聽說過公共浴場，好像是很不可思議的設施。」

關於上述的記載，筆者曾提到：「有關於日本公共浴場混浴的傳言，在短時間內傳遍外國人圈子。」直到英國人在一八五八年闖入女湯為止，這個傳言似乎沒有改變。不，倒不如說隨著時間的變遷，此傳言逐漸蔓延，使得外國人的好奇心越來越強烈。對於外國人而言，公共浴場已成為來到日本必定造訪的觀光景點之一。像是廣瀨六左衛門所記載的英國人，應該也曾經聽過同事造訪日本的經驗，或看過與日本相關的記載，吸收類似資訊後，在日本街上發現公共浴場。

時間要往後來到甲午戰爭結束後的一八九五年（明治二十八年）。陸軍上校福島安正從東京出發，前往亞洲大陸蒐集當地資訊。旅途中，因為土耳其大使不斷問他：「聽說日本有男女混浴的習慣，這是真的嗎？」而讓福島安正感到困擾(3)。如同之後介紹的內容，明治新政府徹底鎮壓公共浴場的混浴習慣後，使得混浴從世上消失。然而，當福島被外國人問到日本現在是否還有混浴的習慣時，只能露出苦笑（不過日本的溫泉依舊留存混浴習慣）。如同前述，混浴與「富士山、藝妓」都是外國人對於日本的刻板印象，外國人當時對於ko n yo ku（混浴）的觀念，已經定型。

針對外國人對於混浴的好奇心，須要一同思考的是被觀察者的觀念變化。請各位回想特龍松在箱館所見的公共浴場，或是海涅所描繪的〈下田公共浴場圖〉，以及漢伯特或俄理范所描繪的江戶浴場。透過以上的記載，找不到因外國人闖入後，入浴者倉皇逃出的描述，反而是日本人忽略外國人的存在，專心享受入浴的樂趣。

另一個極端的例子，是霍姆斯船長的親身體驗，他曾提到：「我常常進去日本人的家裡，看到有人在裡頭睡覺。」而且還說：「我直接進入別人家裡，從上到下四處翻遍，打開家中的木箱、衣櫃、抽屜，把裡頭的物品放在地上。」真是不得了，他的行為跟小偷沒兩樣，即使霍姆斯不是故意要偷東西，也會被當成竊盜未遂吧！然而，就算陌生人闖入家裡，「日本人似乎跟我一樣樂在其中！」(4) 霍姆斯船長如此回憶道。

然而，廣瀨六左衛門所記載的是一八五八年的江戶，當時的日本女性看到外國人闖入浴場，慌忙逃出。這也許跟攘夷思想盛行有關，但外國人闖入公共浴場，並四處盯著他人裸體的無禮行為，已經無法讓日本人接受。提到一八五八年，距離培理第二次來到日本後，僅僅過了四年的時間。在前一年，美國首任駐日公使哈里斯與江戶幕府簽訂《美日修好通商條約》，也是橫濱、長崎、箱館開港之年。在這個時期，日本門戶洞開，除了有各國海軍士官來日，還包括貿易商人、船夫等外國人士大舉來到日本，因此誠如廣瀨六左衛門所提到「極為粗俗」的外國人遽增，他們就像是特龍松，把公共浴場當作觀光景點參觀，這一點也不足為奇。如同之前單元所解說的，日本人一開始對於外國人的造訪，絲毫不以為意，反而是歡迎外國人的到來。然而，當日本人採默許的態度後，外國人也毫不客氣地盯著他人裸體，並且沒有禮貌地闖入浴場，打擾入浴中的日本人時，當這類行徑反覆上演，相信任何人都會感到不悅。裸體或入浴行為，絕對不是提供他人恣意欣賞的餘興節目，如果持續發生這類令人難以容忍的行為，自然而然地，日本人就會開始遮掩身體。

從「裸體」到「裸露」的轉變

我要再次強調的是，對於日本人而言，裸體就像是日常用品，是臉部的延伸，裸體與性的關聯性並不強。因此，當日本人看到裸體時，不會將視線停留在裸體上，而是穿透裸體。各位可以回顧一下海涅〈下田公共浴場圖〉的情境，男性的視線並沒有停留在女性的裸體上，視線穿透裸體；女性也不會盯著男性的裸體，所以是眼神放空的狀態。

某位西方人在一八九二年（明治二十五年）來到京都的劇場，他看到舞台上忙東忙西的黑衣人物，也就是俗稱的黑子，感到不可思議，便詢問招待他看劇的日本人。日本人說：「他是負責舞台布置的演員，但不可在台上現身。」(5) 如同日本人在欣賞歌舞伎表演時，不會把視線放在黑子身上，他們即使看到裸體，視線也不會停留。如果裸體本身沒有值得他人留意的因素，他人就會選擇忽視，就像街上來來往往的眾多臉孔。

但是，對於徹底把性隱藏的外國人來說，看到隨意露出的裸體，就會產生強烈的好奇心，其中以女性的裸體最為顯著。隨著外國人的到來，女性裸體突然成為被他人欣賞的物品。那樣子就像是用放大鏡聚光照射紙張，使得紙張燃燒起來；當熱情的目光投注在裸體上，被觀察者也會開始在意自身的裸體。反覆以上的過程後，被觀察者開始想要遮掩自身的裸體，是相當自然的事情。而且在外國人充滿好奇的視線背後，強烈聯想到性，當女性察覺到這點，想要遮掩裸體的動機就越來越強。因此，過去看到外國人進入公共浴場，並不會感到在意的日本女性，卻開始為了迴避外國人的視線，同時遮掩裸體，驚慌逃離現場。

由此可知，這代表日本人的裸體觀念，開始產生轉變。當視線穿透裸體時，就只是單純的「裸體」；但如果充滿好奇心的眼神停留於裸體上，也就是裸體變成提供他人欣賞的對象，「裸體」就變成作為性欣賞對象的「裸露」。因此，女性必須隱藏與性直接連結的「裸露」。至於這個「裸露」的裸體則成為他人的性欣賞對象，但並非是指從事特殊職業的女性，而是日常生活中的一般女性。

漢伯特寫道：「當歐洲人進入風呂屋時，我看到他們露出竊笑，原本在任何人的眼中，屬於稀鬆平常的景象，卻變成不適切的行為。」(6) 因此，外國人充滿好奇的「熱情目光」，是讓日本人開始意識到裸體的契機，尤其是一般日本女性，會開始想要遮掩裸體。在這個轉捩點下，日本人對於裸體的觀念，從「裸體」轉為「裸露」。在他們的意識形態中，已產生裸體與性相互連結的觀念，不久之後，站在現代化的角度，羞恥心開始萌芽。

從街上消失的裸體

外國人充滿好奇心的視線，讓原本被日本人視為稀鬆平常的習慣，逐漸消失。對日本人來說，全身赤裸從公共浴場走回家，是相當正常的行為，但龐貝提到：「在長崎，類似的行為已經越來越罕見。」龐貝認為，此習慣消失的原因是外國人的舉動所造成。「並不是每位歐洲人的舉止都是高雅且彬彬有禮的。」根據龐貝的推測，「外國人恣意妄為的結果」就是造成日本人觀念產生變化的原因。他說：「當我們破壞東洋國民的道德感或生活習慣後，在他們的眼中，我們顯得極度低劣。」(7)現實情形誠如龐貝所述。先前提到，龐貝待在日本的時間為一八五七年（安政四年）九月至六二年（文久二年）十一月，沒想到在短短的五年間，日本人全裸從公共浴場走回家的習慣，已經消失殆盡。

充滿好奇的熱情目光，也導致街頭的沖澡景象消失。先前提到，在一八五九年（安政六年）二月，霍姆斯船長於開港前的長崎下錨，並在長崎目睹在街上沖澡的女子。霍姆斯船長提到，他在橫濱也見過日本人在街上沖澡的「奇特光景」。他說：「我來到某間綢緞和服布料行，這裡是街上最大的商業地帶之一。在商店的前方擺放著長方形的浴桶，我看到可愛的年輕女性在此戲水喧鬧，在中午的陽光照射下，潑濺出來的水散發耀眼光芒。」霍姆斯船長在店門口目睹正在沖澡的女性。當時為同年的七月，橫濱已經開港，從這個時期開始，橫濱港的建設逐漸完善。當下，霍姆斯船長並沒有盯著少女看，他說：「如果我站在原地盯著少女看，感覺會觸怒一旁的日本官吏。」(8)他選擇快速離開現場。

接下來要引述一段與霍姆斯船長相對照的評論，英國外交官密福特提到：「我曾看過外國人所撰寫的書籍，書中提到有關於江戶街頭的沖澡風景。然而，我待在日本三年半的期間，曾在所有時間點來往於江戶各處，並沒有看過類似的情景。」密福特所提到的三年半，正確來說為一八六六年（慶應二年）十月到七〇年（明治二年）一月，他在這段期間並沒有看過日本人在街頭沖澡的景象。他還下了結論說：「他們一定是在鄉下的某個溫泉區，看到類似的景象吧！」[9]

針對密福特提到有關於沖澡習慣的意見，英國記者布萊克（John Reddie Black）曾有相關評論，他是在橫濱發行《日本公報》（The Japan Gazette）的知名人物。首先，布萊克認為，對於開港當時外國人在日本所見到的沖澡景象之相關記載，後來有許多人抱持疑問態度，他寫道：「其著作受到外國人廣泛閱讀，或被引用的某位作者，曾斷定地說：『我一整天在江戶徘徊，從沒見到類似的景象。』」布萊克雖然沒有提到該作者的名字，但這位「斷定」的人物，想必就是密福特。對於密福特的論述，布萊克表達自己一連串的看法。

「的確如此，主要原因是，他在外國的影響力逐漸產生作用的時代來到了日本。」提到日本人的沖澡風景，在一八六二年（文久二年）左右，在「江戶與橫濱的近郊」都能親眼目睹。此外，從布萊克寫下回憶錄《Young Japan》的當下，直到回溯五年前的一八七四年，他每天晚上都在居住地附近看到類似的風景。布萊克還描述：「我從居住的村落到山間的小路上，或是在周遭的村莊，多次看過日本人沖澡的景象。對於出遠門前往四面八方的人來說，都能見到『無差別的沖澡風景』，沒什麼好大驚小怪的。」(10)

霍姆斯船長曾在一八五九年（安政六年）看過日本人的沖澡景象，布萊克也是。根據他的敘述，可得知至少一八六二年（文久二年）前的江戶，以及一八七四年（明治七年）以前在橫濱居留地附近，能經常看到沖澡風景。此外，列出本書曾提到的日本人沖澡記載，包括愛爾貝號運輸艦艦長維爾納於一八六〇（萬延元年）至六二年（文久二年）期間所見的沖澡景象，以及波瓦公爵於日本年號改為明治的前一年，也就是一八六七年（慶應三年）看到沖澡景象，還有吉美與雷加梅在於一八七六年（明治九年）於橫濱所見的沖澡風景。最後，則是摩士於一八七七年（明治十年），在日光湯元的小村莊所見到的沖澡景象。

由此可見，進入明治時期，依舊能看到日本人沖澡的景象，但是從密福特及布萊克的敘述得知，從最早來的幕末時期時開始，部分地區的公然沖澡習慣已經消失。外國人充滿好奇的熱情目光，強制使日本人開始在意入浴時的裸體狀態，並且停止從公共浴場裸體走回家的習慣，也會避免在人來人往的地方沖澡。這就是裸體逐漸從日本街頭消失的現象，這也是為了迴避外國人充滿好奇心的熱情目光，所自然發生的現象。

幕末的裸體照片

在外國人充滿熱情的目光裡，在「裸體」被視為「裸露」的過程中，相信都有受到照片的影響。

之前提到過，當使節團遠征國外時，都會有海涅這類的隨行畫家，透過圖畫的方式紀錄遠征地的景象。另一方面，隨著攝影技術的進步，攝影師也加入遠征隊的行列。以培理遠征隊為例，攝影師布朗（Eliphalet Brown Jr.）就是遠征隊的隨行攝影師[11]，在《培理艦隊日本遠征記》中，許多插圖都是來自於布朗所拍攝的照片；他利用法國達蓋爾所發明的銀版攝影法（daguerréotype）拍攝照片。

在培理來到日本前，荷蘭將攝影技術傳到日本，在薩摩藩或福岡藩等藩屬地，很早以前便開始研究攝影技術。一八五七年（安政四年）市來四郎等人曾替薩摩藩主島津齊彬拍照，留下相關照片。此外，在一八六二年（文久二年），上野彥馬於長崎開設照相館，成為職業攝影師，同時期還有出生於下田，在橫濱開設照相館的下岡蓮杖，以及在江戶開業的鵜飼玉川等攝影師，當時可說是日本職業攝影萌芽的黎明期。橫濱除了有下岡蓮杖，還有內田九一、清水東谷，以及比特（Felice Beato）、帕克（Charles Parker）等外國職業攝影師(12)。這些攝影師拍攝的照片，又稱為橫濱寫真，並成為外國人來到日本必買的紀念照片。

在幕末時期，許多來自國外的照片於日本大量流通，瑞士領事林道的描述，就是最有力的印證。之前林道所說：「大量流傳、在市面流通的照片」，據推測想必就是用來慰藉來日外國人性慾的裸體照片。大量的裸體照片，其實與攝影技術的發展有很大的關係，以前面提到的銀版攝影法為例，由於每張照片的曝光時間長達二、三十分鐘，不僅拍攝難度極高，被攝體還得保持固定不動，因此得用支架固定人物的身體與頭部，才能進行拍攝。之後，濕版攝影法的出現，取代了銀版攝影法；照片的曝光是利用玻璃板，而非傳統的鉛錫合金板，其原理是將液態的火棉膠（collodion）塗在玻璃板，當成感光板使用，讓曝光時間縮短為幾秒鐘。因此，隨著攝影技術的演進，攝影師能拍攝大量的人像照，而在大海另一端的歐洲，裸體照片於市面大量流通。

其中最受歡迎的是三維立體照片，而且是名片判的裸體照片。三維立體照片又稱為立體照片，是將兩張照片放在一起欣賞的形式，只要戴上專用眼鏡，照片就會呈現立體影像（也有無須戴上眼鏡，憑肉眼即可看出立體照片的方式）。再者，名片判就是名片尺寸的照片，拍一次照片後即可大量複製，特徵是將照片的尺寸縮小。

根據林道著作《瑞士領事眼中所見的幕末日本》記載，一八六一年（文久元年）九月，林道第二次來到日本，他在當時提到上述有關裸體照片的事情。該著作於一八六四年（元治元年）出版，由此可知林道於一八六一年九月再次來到日本時，大量的裸體照片已經在日本流通，而且到了一八六四年，「持續在市面流通」。

照片裡的日本女性裸體

此外，大量於市面上流通的裸體照片，相信會引發上野彥馬與下岡蓮杖等日本攝影師的關注。因此，這些日本攝影師找來日本女性當模特兒，拍攝裸體照片，並不足為奇。由於裸體照片大受外國人喜愛，日本攝影師一定會受到影響，想要拍攝看看，或者是曾有外國人詢問日本攝影師，他們是否有拍過日本女性的裸體照片。

於慶應年間出版的《春窗情史》，屬於豔本之一，其中的春畫插圖，描繪攝影師拍攝日本女性裸體照片的景象（圖4-1）。春畫上頭可見「拍照時也反映內心，照片如同鏡子」的文字。畫中攝影師的下面起了反應，這也是值得關注的地方。根據豔本研究家林美一指出：「這是我國最早和情色攝影有關的珍貴資料。」(13)然而，林美一還指出，他的珍藏書為明治十年出版，但在慶應年間出版的原書，並沒有看到類似的場景，也不知道有誰看過。因此，林美

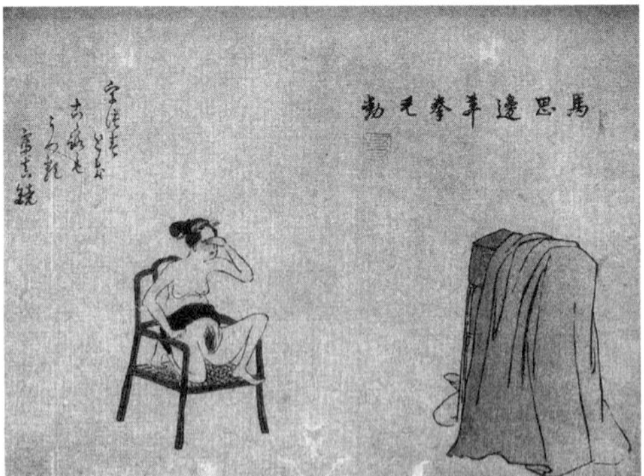

圖 4-1　《春窗情史》所刊載的裸體攝影圖

一認為，此春畫完成的背景為明治十年，並非慶應年間。光從這幅春畫，很難判定幕末時期，是否有日本攝影師在拍攝日本女性的裸體照片。

另一方面，風俗史家下川耿史認為，下岡蓮杖與上野彥馬等日本職業攝影師，在幕末時期應該有拍攝日本女性的裸體照片。下川老師引用攝影師內藤正敏的記載，提到下岡蓮杖於一八六二年（文久二年）左右，曾多次拍攝女僕脫光衣服的裸體照片，但變成裸體模特兒的女僕，終於難掩心中怒火，據說：「蓮杖因此被押到奉行所。」[14] 這是一段小插曲。

另外有關於上野彥馬，下川引用美術研究家永見德太郎的證詞，永見是上野彥馬的徒弟，他說：「我曾在某處看過彥馬拍攝的X照片。」下川所指的「X照片」就是裸體照片，具體內容是「女性在屏風後方做不堪之事，或是男女四十八手體位」等。另外，有關於拍攝的時間，永見表示：「應該是在慶應時期。」[15] 永見親口證實，同為彥馬的徒弟，並且之後在橫濱開設照相館的內田九一，曾在遊女屋或料理屋拍攝擺出各種姿勢的女性。下川下了結論說：「幕末時期，彥馬與周遭的攝影師，都很熱衷於拍攝裸體照片。」[16]

無論如何，透過相機鏡頭的視角，將原本被視為日常一部分的裸體，轉變為觀察對象。此外，在欣賞女性的裸體照片時，也遭強制從別的角度，來觀察原本被認為是稀鬆平常的裸體。別的角度就是將裸體與性連結，沒有其他的解釋。因此，提到裸體，嚴格來說泛指女性的裸體，從日常用品轉變為鑑賞對象，也就是從「裸體」轉變為「裸露」，也跟攝影技術的發達息息相關。

表面的視線，真實的目光

然而，我曾經提過，外國人觀看裸體的視線，是讓日本人裸體觀念產生變化的因素。例如歷史學者金西一，曾將歐美人的眼神比喻為「歐美的目光」或「文明的目光」(17)。此外，若桑綠則稱為「近代的視線」或「近代化的視線」(18)。相對地，站在筆者的觀點，歐美人觀看日本人裸體的視線，至少分為兩種，兩種都對於日本人的裸體觀念產生重大影響。包括將裸體當成性對象的視線，以及當成批判性對象的視線。因此，將裸體當成性對象的視線，稱為「熱情的目光」；將裸體當作批判性對象的視線，則是「冷淡的視線」。

如同之前解說，外國人對於日本女性裸體所投注的熱情目光，就宛如在欣賞裸體照片，但他們所關注的，並不只有女性的裸體。外國人時而對日本政府投注嚴苛的視線，他們的疑問是，放任平民裸體的日本，到底是什麼樣的國家？例如，英國外交官密福特曾勸戒日本紳士說：「西方人認為男女混浴，是一件不道德的行為。」這句話應該也是講給日本幕府高官聽的。他還表示：「日本對外國人的忠告表示敬意，並針對開港後的橫濱，禁止男女混浴。」(19) 從以上描述可知，來自外國人的輿論壓力奏效，使得日本政府開始禁止橫濱公共浴場的男女混浴行為。

然而，當時的背景是大量的裸體照片在市面流通，如同蘇安森的指責：「當外國人屢次用下流的目光來看這些裸體景象，而非選擇迴避，還斥責日本人淫穢或不知廉恥時，身為外國人的我們，應當要自我反省才對。」因此，當歐美人將裸體當成性對象看待時，我們可以將其充滿好奇的眼神比喻為「真實的目光」，而將充滿批判性的視線，同時認為放任裸體不管的日本是缺乏羞恥心，這類的視線認為是「表面的視線」。這種充滿好奇心的熱情目光與具備批判性的冷淡視線，則可用「西方文明的複眼」來形容。

西方人的習慣是遮掩裸體以管理內在的性慾望，但日本人則將與性連結的裸體公然露出，這就是將裸體視為日常化的象徵。對於遮蔽裸體的外國人來說，把公然露出的裸體當成性對象看待，充滿好奇，他們真實的目光在裸體上下游移。然而，如果持續用真實的目光來觀看裸體，就代表否定了自我所採取的原則，也就是管理內在的性慾望，因此得遮掩裸體才行。這是站在複眼的另一邊，也就是屬於表面視線的倫理。由此可見，具備西方文明複眼的外國人，在區分真實的目光與表面的視線時，其實內心是東奔西竄的狀態。以下的故事，正好能應證上述的說法。

一八六〇年（萬延元年），勝海舟搭乘咸臨丸前往美國，他在舊金山短暫停留時發生一段小故事(20)。當時勝海舟收到美國法院寄來的命令書，上頭寫道：「請您明天十五日上午九點前來法院，接受訊問。」勝海舟感到疑惑：「不曉得發生什麼事了？」整晚沒睡的他，隔天一大早便換上正式服裝，前往法院。在勝海舟的面前，法官拿出兩、三本書，問道：「你對這些書有印象嗎？」法官手上拿的，似乎是春畫書。

法官解釋來龍去脈說：「昨天有兩位貴婦在舊金山公園散步，遇到日本船員，結果日本船員硬要把這些書送給貴婦。貴婦盛怒之下，向本法院提出侮辱告訴，因此本案速速進入審理階段。」「什麼啊，真是愚蠢。」勝海舟喃喃自語著，並跟法官說，會將證物帶回，同時調查當天的當事者，查明身分後懲處。他向法官再三解釋後，打算離開法院。

然而，法官卻叫住勝海舟，並請他來到小房間。法官對他說：「以下是我個人的想法，我認為這些書相當珍貴。」他對勝海舟說出真心話。「其實，那兩位貴婦也想要這幾本書。」法官還向勝海舟商量說：「可以把其中兩本送給她們，剩下的一本送給我嗎？」雖然法官表面上在法院審問勝海舟，但真實的情況是自己也想要春畫。這就跟那些表面上批判日本政府放任民眾裸體不管，但私底下卻對日本女性的裸體感到好奇的外國人一樣，都有相同的特質，這就是西方文明的複眼。

勝海舟的親身經歷，之後還有後續。勝海舟離開法院後，找到當時要送春畫給貴婦的船員，並痛罵了一頓。隔天，勝海舟在咸臨丸舉辦宴會，招待法官等當地相關人士，其中還包括遭日本船員強迫贈送春畫書的貴婦。眾人酒酣耳熱的時候，勝海舟對那位法官咬耳朵說：「昨日，我聽取閣下的希望，並詢問持有書籍的船員後，於今日正式將書贈送給閣下與兩位貴婦。現在，要舉行贈送儀式。」換言之，勝海舟在眾人面前將春畫送給法官與貴婦，但法官當場愣住，貴婦則是快速逃離現場。

關於以上的故事，擔任日本大審院判事的歷史學家尾佐竹猛寫道：「故事偏向趣味性，而且從過往的史料中皆無找到相關記載，我對此抱持疑問。」(21) 勝海舟的這段故事也許被過度渲染，但還是如實傳達當時外國人對於裸體的真實性與表面性態度，身為現代人的我們，也能充分理解這樣的感覺。

為了封鎖表面的視線

那麼，向裸體所投注的表面視線，對於日本政府帶來哪些影響呢？如同密福特所提到的，相信許多外國高官都曾經勸戒過江戶幕府，但我在前面的章節提過，不用等到外國人插手，江戶幕府在早期便已經開始明令禁止混浴或猥褻的風俗行為。

然而，歷經寬政到天保改革，幕府雖屢次頒布混浴禁止令，之後卻因幕末時期動盪不安，讓混浴禁止令徒具形式。日本文化史家小木新造指出：「幕府的管制相當寬鬆，社會慢慢回歸舊習。」(22) 站在幕府的立場，雖然密福特等外國高官有建議禁止混浴，但時間緊迫，導致幕府沒有餘力推動改革。結果，在幕末時期，雖然在部分地區可見禁令，但幕府並沒有全面鎮壓混浴的習慣。

與江戶幕府形成對比，明治新政府受到外國人的嚴苛視線緊盯，無法逃避。在明治政府擔任要職的人物，包括伊藤博文、大久保利通、山縣有朋等人，都是下級武士出身。在舊幕府時代，這些人在藩內因身分低賤，受到他人的輕蔑，而且在當時的社會，還有幕府直參（身分較高的武士，有資格直接覲見將軍）的武士，對於直參等上級武士來說，身為陪臣的下級武士的存在，就像是蒼蠅般微不足道。

因此，在下級武士的腦海中，經常浮現的是上級武士尊貴的姿態，而且為了打倒這些上級武士，就必須彰顯出自身更符合武士舉止的風範。也就是說，下級武士必須建立強大的武士集團。他們除了具備對抗外國列強的意識，想要讓自己「更像武士」也是其中的原因，於是使得明治新政府更具有強烈的軍事色彩。此外，下級武士出身者，若想要凌駕上級武士，就得改掉德川時代的陋習，最明顯的作為就是改掉一味模仿西洋作風的習慣。如此一來，就能與德川時代的風俗習慣產生區隔化。

前者的彰顯武士風範，是為了富國強兵；後者的區隔化，是為了文明開化。只要能實行以上兩點，過往總是被上級武士輕蔑的下級武士，就能凌駕上級武士。因此，提到區隔化，指的是過去外國人以惡意眼神注視的裸體，日本人卻毫不在乎的習慣。換言之，就是江戶幕府雖有意卻無力禁止的陋習，必須早日改正才行，其中的陋習就是混浴與大街上來來往往的裸體。結果，明治政府相繼頒布並實施嚴格的法令，以禁止混浴或露出裸體等行為。

原本日本人是受到外國人充滿好奇心的目光所影響，進而主動地隱藏裸體。但是，自從明治新政府成立之後，為了應付外國人充滿批判性的視線，政府必須透過國家法令，強制隱藏裸體。因此，不僅是真實的目光，連外國人表面視線所見的日本人裸體，從「裸體」變成「裸露」的轉移速度更是加快了。在以下的內容，將詳細介紹其中的變遷。

明治新政府頒布混浴禁令

一八六八年（慶應四年）一月，舊曆的慶應三年十二月，天皇頒布《王政復古大號令》，並且在舊曆的慶應四年七月，把江戶改稱東京。到了九月，年號改為明治。在東京與年號改名之間的八月，新政府頒布禁止混浴的法令，上頭寫道：「禁止男女在湯屋混浴，以免對於外國人有失禮節。」(23)

明治新政府頒布此禁令的原因，是因為築地鐵砲洲為外國人居留地，針對此地區的公共浴場發布告示。值得留意的是「對於外國人避免有失禮節」，成為禁止混浴的理由。江戶時代雖然也有混浴禁令，但明治新政府所頒布的混浴禁令，很明顯是為了因應西方文明複眼之一的表面視線，而採取的措施。此外，告示內容還包括不可裸體來往於大街上，以及在公共浴場二樓須架設隔板遮蔽等。此舉的用意，是為了禁止日本人光溜溜地站在公共浴場的二樓，看著在大街上散步的外國人，此舉可說是極度在意外國人對於裸體的冷淡視線所頒布的法令。

在隔年的一八六九年（明治二年），雖已明令禁止混浴，但為了避免部分公共浴默許混浴行為，而造成失序情形，政府還頒布「男女不得於藥湯混浴」(24)的禁令。藥湯是在熱水中加入藥草後再加熱的浴場，表面上是以病人為客群，以往政府對於藥湯的混浴，管制較為寬鬆。然而，明治新政府開始嚴禁藥湯混浴的行為，之後又在一八七〇年（明治三年）、一八七四年（明治七年）持續發布混浴禁令。由此可知，要從外國人的視線中遮蔽混浴行為，是相當困難的事情。此外，政府於一八七九年（明治十二年）頒布《湯屋取締規則》之東京府令，裡頭包含十四條有關錢湯營業規範。到了一八八五年（明治十八年），政府修正《湯屋取締規則》條文，將條文增加到二十三條，其中包含「允許未滿七歲的小孩混浴」(25)。

另外，到了明治十八年十一月，政府禁止公共浴場設置石榴口(26)，石榴口可說是江戶時代公共浴場的象徵。廢除石榴口與禁止混浴，兩者的用意略有不同，如同前面章節所述，石榴口大多昏暗又骯髒，因此廢除石榴口的主要目的，是打造明亮且衛生的環境。根據某位耆老回想起廢除石榴口後的情況說：「少了石榴口，身子光溜溜地很冷，而且感覺少了什麼。每個人赤裸地泡湯時，也會感到害羞。」此外，他還提到：「原本習慣石榴口內部的熱氣，少了石榴口後，頭部感到發冷，只好把毛巾放在頭上。」(27) 現代人認為泡湯時頭上要蓋毛巾，是為了避免讓頭部碰到水，但其實與石榴口有相當大的關係。

歷史學者尾佐竹猛提到，明治新政府於明治十八年廢除太政官制，施行內閣制，加上羅馬字會（推行使用羅馬拼音字代替漢字的單位）等新文化組織成立，以及日本全國男性開始不結髮髻的風氣，均從該年開始，是明治維新實質推動的年度(28)。因此，政府廢除石榴口，也是應證尾佐竹猛的明治維新實質於明治十八年推動之說的有力證據。

圖4-2為節錄自一八九四年（明治二十七年）七月十日號《風俗畫報》的明治時期錢湯圖，畫中已經看不到石榴口。這幅畫描繪錢湯裡的人們驚慌逃跑並濺起水花的樣子，因為同年發生東京大地震，這是地震當時的錢湯景象。由於廢除石榴口後不到十年，錢湯的結構與現代的錢湯沒有太大差異，並且是男

圖4-2　明治時代的錢湯

女分隔的形式，並非混浴。然而，從畫面左邊可見一條腿，腿毛十分茂盛，腿的主人應該是「三助」，可知當時錢湯還有「三助」的存在。

對於猥褻物、裸體加強管制

讓我們再回到明治初期，明治政府不僅禁止混浴，對於散布猥褻物與街頭上的裸體，都有嚴格的規範。前面提到，一八六九年（明治二年）二月，政府禁止東京府內公共浴場的男女混浴，在同一個月，陸續又頒布《風俗矯正町觸》。首先是《禁止賣淫》，接下來還包括《禁止男女混浴》、《春畫其他禁止令》。其中，值得留意的是《春畫其他禁止令》。

禁止令的開頭為「西京東京乃皇國首府，為教化的根基。」如同「教化的根基」之描述，其用意是為了教育毫無羞恥心的日本國民，避免在外國人面前做出不雅行為。禁止令還寫道：「近年來聽聞市面上盛行春畫與猥褻的錦繪的買賣，加上見世物等雜耍技藝擺上不堪入目的招牌，有失莊重。且小兒玩物等亦有出現男女淫體等不堪圖畫，欠缺禮儀。」(29) 如果以後發現市面上有猥褻物買賣行為，除了本人，也要連帶處罰名主與五人組，是相當嚴格的禁令。

此外，之後要介紹的《違式詿違條例》，就是在一八七二年（明治五年）頒布。例如在前面篇章介紹過的男性陽具造型的金精神，也被《違式詿違條例》列為猥褻物，成為取締的對象。以往在每個遊廓的門口，都有祭拜金精神來祈求生意興隆的習慣，但無論條例成立與否，金精神都被警察強制沒收，當中還有一些有趣的故事。

曾有兩位警官來到橫濱弁天町的遊廓，仔細地搜查每一間遊廓，「強制沒收奇特的祭拜物，將這些陽具造型的物品放入竹箱中」，隨後離去。接著，他們來到了吉田町，兩人開始商量著，就突然在橋上把金精神丟入河裡。由於他們認為既然都是要丟棄，乾脆直接把金精神丟進河裡比較省事。因為金精神是用紙做的，所以「只見大量的金精神接連地漂浮在河面上」(30)，結果竟吸引大批人群來到河岸圍觀，還有人不斷拍手大笑。根據《東京日日新聞》報導，在兩國橋也曾發生類似的事件。政府雖然打算沒收猥褻物，卻反讓這些猥褻物成為眾人的焦點，是史上少見的奇觀。

與猥褻物並進，政府也開始加強取締裸體，於一八七一年（明治四年）頒布《裸體禁止令》。由此禁令可明顯看出，明治政府相當顧慮外國人的視線。《裸體禁止令》的條文相當多，接下來將引述部分原文，在避免破壞原文語調的原則下，我將以簡明易懂的文字來介紹。

「同府下包含賤民、裸體勞動者，或是常以裸體進出湯屋之人，這類風俗於本國存在多年。然而，在外國，露出肌膚是極為卑劣的行為，因此得將露出裸體視為恥辱，本國從此不得有類似行為。因與外國人交流日盛，在府中，本國人與外國人往來日漸頻繁，如放任這類陋習不管，將損及國家顏面。此事攸關國家體態，即使身為賤民，也不得以裸體之姿外出。若為不便身穿衣服之工作者，至少得穿上半纏、股引、腹帶等服裝，不得隨意外露身體。若有違背法令者，取締後查證屬實，將遭受懲罰，本條文無例外情形，閱畢務必遵從。」(31)

條文中出現三次「外國」字眼，首先提到在東京府，有許多民眾沒有身穿衣服的習慣，又經常裸體工作，或是裸體進出湯屋。但是，在國外，露出肌膚會被他人視為卑劣的行為，因此人民得將露出裸體當成「恥辱」行為，不得隨意外露裸體。另外，由於在東京府內，日本人與外國人往來逐漸頻繁，若持續隨意露出裸體的習慣，就會有損國家的顏面。即使像是人力車夫等不方便穿著衣服的工作者，至少也要穿上半纏、股引、腹帶等服裝，不得裸體。此禁令與之前所頒布的禁令相同，很明顯是意識到外國人的冷淡視線而採取的措施，這是值得探討的地方。

然而，如此在意外國人感受的國家，應該相當罕見吧？但由於明治新政府的目標，是建立更具有武士風範的國家，因此大力禁止有損國家形象的習慣，並不難以理解。此外，以極度意識到外國人視線的《裸體禁止令》作為契機，在公開場合露出裸體是不道德的事情，成為日本人的共通觀念。在現代日本人裸體觀念的深處，占據著過度意識到外國人視線的《裸體禁止令》，不知如此形容是否貼切。

《違式詿違條例》的實施

自從一八七二年（明治五年）東京府實施《違式詿違條例》後，政府對於裸體的取締更為嚴格，《違式詿違條例》的內容就等同於現代日本的《輕犯罪法》。除了在公開場合露出裸體，其他還包括販售猥褻物、隨地小便等，以西方文明的角度來看，只要是讓外國人感到不悅的行為，都是《違式詿違條例》取締的對象。《違式詿違條例》分為「違式」和「詿違」兩部分，只要觸犯「違式」條例，「就會被罰75錢至150

錢贖金」；若違反「詿違」條例，「會被罰6錢2厘5毛至12錢5厘」(32)。贖金就是罰金，若無法繳納罰金，就會被拘押。到了東京府實施《違式詿違條例》的隔年，在太政官的頒布下，各地方政府開始制定《違式詿違條例》。

接下來將從《違式詿違條例》中，列出與裸體或猥褻物有關的罪名，相關條文如下。

「九條　販售春畫與相關器物者。」

「十二條　經營男女混浴湯屋者。」

「二十二條　裸體、袒裼，或是露出大腿，體態不雅之人。」

「二十五條　男女相撲或弄蛇人等，以見世物為業，露出醜態之人。」

「二十六條　比照二十二條，以不雅體態騎馬者。」

「五十條　放任小孩於大街上大小便之人。」

第二十二條的「袒裼」，是查《廣辭苑》辭典也找不到的複合語。「袒」為「脫掉衣服露出肩膀」，也就是「臂膀裸露」；「裼」為「脫掉腰帶以上的衣物，露出肌膚」，也就是「打赤膊」之意。簡單來說，就是「脫掉上衣露出肩膀或上半身」的意思；漢字「袒裼」日文唸作 **ta n se ki**。第二十五條的「弄蛇人」，指的是美女身上纏繞蛇的雜耍，詳細內容是「讓溫馴的蛇纏繞身體，不僅讓牠鑽入胸口或袖子，還會讓蛇鑽入特殊部位，充滿獵奇性，藉此博得人氣。」(33)然而，政府還要管制小孩大小便，想必父母們會相當困擾。此外，《違式詿違條例》還有其他較為特殊的罪名。

「七條　販售偽造食品或腐敗食物者。」

「三十四條　闖入他人果園採食水果者。」

「五十四條　施放巨大紙鳶妨礙他人者。」(34)

有關於第七條的條文，如同現今偽造食品的問題，在當時也被視為嚴重罪名。從另一個角度來思考，偽造食品的情形，由古至今並沒有太大改變。此外，從第三十四條可看出，當時應該有很多人闖入他人果園偷取水果食用。第五十四條的「紙鳶」，日文也讀作 **i ka** 或 **i ka no bo ri**，也就是風箏的意思。在江戶時代，放風箏也是大人的娛樂之一，英國畫家華格曼也曾描繪日本人放風箏的景象。第五十四條的宗旨，就是為了避免放風箏造成他人的不悅或困擾。

此外，《違式詿違條例》的措辭較為艱深，並不容易理解，因此在繪雙紙屋都有販售圖畫，用來解說條例內容，圖4-3就是其中之一(35)。另外，圖4-4為另一種圖解，裡頭描述禁止混浴（十二條）與禁止裸體（二十二條）的內容。圖解描述正前往錢湯的女性說道：「雖然泡藥湯還不錯，但我不喜歡混浴。」旁邊有位男性，因為裸

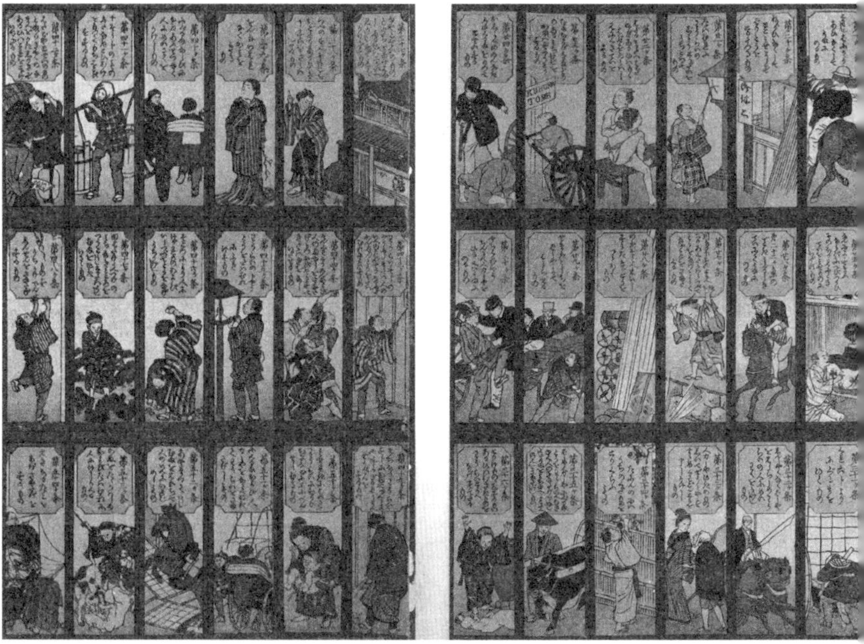

圖 4-3　《違式註違條例》圖解

體在街上行走，而被警官處罰，並不斷地道歉說：「我錯了，對不起。」無論如何，可看出自從《違式註違條例》實施後，明治新政府強力制止裸體的行為，使得「裸體」到「裸露」的轉移過程，受到強迫且急速地推進。追根究底，與外國人所具有的西方文明複眼有極大的關係。

徹底受到鎮壓的裸體行為

《漫談明治初年》是一本匯集耆老口述故事的書籍，裡頭刊載一位出生於江戶時代，名叫野村的人物，由他所口述的故事。野村描述幕末時期的情形說：「那個年代是最為淫亂的時期吧！經常看到男性全裸在街上走來走去。曾有某位男性以裸體之姿，大搖大擺地走在街上，拿著成串一貫八百文錢塞入兜襠布，旁人見狀，不斷稱讚他『真是闊氣啊！』。」然而，到了明治時期，街上的情形完全不同。

圖 4-4　十二條、二十二條圖解

野村說：「以往，對於裸體採寬容態度的政府，大約在明治三、四年，開始禁止百姓裸體。那時候老百姓不可以全身赤裸地經過見附，如果要路過那裡，也會用布巾蓋住肩膀，崗哨的士兵看到後，就不會多說什麼；也沒有女性會好好地繫緊腰帶。相較之下，近年來百姓的生活變得奢侈許多。過去每到夏天，女性都是繫上半幅帶，並且常常若無其事地僅穿上褌和襦袢走在街上。除非是身分尊貴之人，一般人大多不會好好地繫緊腰帶出門。」(36)見附就是指哨兵的崗哨，可以想像成現今的派出所。老百姓即使脫光光走在大街上，只要經過哨兵監控的區域時，再把布巾掛在身上就好。可是，野村說：「到了明治三、四年左右，完全不能這樣做了。」他所指的，其實與先前介紹的《裸體禁止令》的實施，息息相關。

此外，在《裸體禁止令》實施的隔年，明治新政府頒布《違式詿違條例》後，取締裸體更加嚴格，從以下的故事即可證實。時間來到一八七五年（明治八年）七月十八日，當天早上為陰天，但中午過後轉為炎熱天氣。東京數寄屋町天野屋的藝妓阿雙，前往淺草參觀三社祭，看完三社祭返家途中，阿雙「脫下使人悶熱的腰帶與和服，只穿紅色腰卷」，坐在路邊緣廊角落休息。簡單來說，就是只穿一件腰卷

圖 4-5　郵便報知新聞，第七百二號

的狀態。當她用扇子搧風乘涼，露出白皙的肌膚時，被巡邏的警官撞見，就直接把阿雙抓走。但阿雙當時僅穿著腰卷，看起來有些可憐，路人見狀，請求警官讓她套上浴衣與綁上細帶。據說阿雙所犯下的罪名為「上身赤裸違式之罪」[37]。（圖4-5）

還有另一個類似的故事，有一位太太全身赤裸，在屋內抓身上的跳蚤，但因違反《違式詿違條例》，就在全裸的狀態下直接被抓走。遭逮捕的太太，因不想在大街上被別人看到自己全裸，堅決地說：「我寧願在這裡餓死，也不要到外面去。」一賴在現場不走[38]。然而，不僅是戶外，連室內的裸體也成為取締對象，以現代的觀念來思考，此舉似乎有些過頭。根據《讀賣新聞》記載：「天氣日漸炎熱，但不用說裸體，連打赤膊都不行。十六日，有客人在淺草駒形的泥鰍鍋店用餐，因打赤膊被警官發現而帶走。此外，在馬喰町三丁目的伊勢屋客棧，同樣有客人因打赤膊而遭逮捕，請各位務必小心留意。」[39]從此篇報導中可見，記者對於民眾的遭遇感到同情。

附帶一提，一八七六年（明治九年）因裸露、裸體而遭到逮捕者，光是在東京，一整年就超過兩千零九十一名；經營混浴錢湯而遭逮捕者，有三十名[40]。當時的詩句川柳就寫道：「打赤膊，半路遇到巡查，被教訓一頓。」此外，另一句則是諷刺警察：「打赤膊，不合乎法律，卻是人情世故。」[41]詩句反映出當時百姓的真心話，認為打赤膊也是人之常情。

擴及外地的《違式詿違條例》

《違式詿違條例》也快速擴及東京以外的地區，伊莎貝拉・博得曾前往北海道旅行，他在一八七八年（明治十一年）七月二十一日所記下的故事，就是證明《違式詿違條例》擴及到外地的最佳實例。

當天博得搭乘人力車前往久保田（秋田），人力車在前頭，一行人路過極為狹窄的道路，剛好遇到押解囚犯的警察。博得描述：「我的車夫看到警察現身，立刻下跪磕頭。」因為車夫突然放下人力車橫軸，害博得差點從車內掉下來。此外，博得的車夫「急忙地穿上放在橫軸旁的衣服，在人力車後方拉車年輕男性們，也驚慌地躲在車後方，穿上衣服。」簡單來說，車夫若沒有穿衣服，就會觸犯《違式詿違條例》的「二十二條　裸體、袒裼，或是露出大腿，體態不雅之人」。此外，據說博得的車夫「從頭頂到腳底，全身發抖」。由於博得從未見過如此不堪的情景，內心不禁產生強烈的反感。從博得的記述可明顯得知，在明治十多年初期，《違式詿違條例》的影響力，已經蔓延至東京以外的外地。

博得的車夫趴在地上，警官問話時才稍微抬起頭來回話，講完話繼續磕頭。當時警官應該是在追問有關裸體的事實，車夫正在辯解。當博得替車夫說情後，警官說：「照理說要當場逮捕你們，但今天不想造成外國人的困擾，就先放過你們。」由此可見日本人極度在意外國人的視線。即使在現代日本，日本人對於外國人，尤其是歐美人，都會採特殊待遇。這是從明治時代開始，烙印於日本人身上的惡習之一。

無論如何，此事件平安落幕後，年輕車夫的行徑相當有趣。「過了蜿蜒道路，看不到警官的身影後，兩位年輕車夫立刻脫掉衣服，一邊大笑一邊全速疾馳。」(42)類似的光景，到了現代似乎也能見到。

在本章的開頭提過，外國人充滿好奇心的目光，是讓日本女性開始遮掩裸體的原因。還有，因為外國人對裸體投注批判性視線，讓明治政府造成壓力，所以政府不得不訂定法令，在公眾場合取締裸體。在嚴格執行法令下，女性的裸體當然不用說，連男性的裸體也被強迫消失於街頭。換言之，外國人表面的視線，間接地讓裸體從日本街頭消失；外國人「真實的目光」與「表面的視線」的「西方文明之複眼」，直接與間接地鎮壓日本人的裸體，如此描述相當貼切。

自從明治政府鎮壓裸體後，日本人開始遮掩裸體，結果如同明治政府所預期，百姓開始養成遮掩裸體的習慣，這就吻合西方的「文明化」。然而，徹底遮掩裸體的行為，也會產生預期之外的副作用，但當時明治政府的高官，還不知道副作用所帶來的影響有多大。

第五章 一 複雜化的裸體觀

應當遮掩，以及沒有遮掩也無妨的裸體

到了明治時代，人們依舊不拘小節

以《違式詿違條例》作為後盾的明治政府，對於裸體的鎮壓的確相當嚴格。然而，要改變世人的裸體觀念，並非如此簡單。

義大利雕刻家拉古薩（Vincenzo Ragusa）曾於一八七六年（明治九年）受明治政府聘請，來到日本擔任外籍講師。他後來娶了一位名叫清原玉的日本女性，清原改姓後，名為拉古薩玉。拉古薩玉原本也是一位畫家，曾拜拉古薩為師。根據拉古薩玉的記載，拉古薩曾在一八八〇年（明治十三年）夏天，帶她前往京阪地區旅行。

當時東海道尚未鋪設鐵軌，因此拉古薩玉搭人力車，拉古薩則搭馬車前往目的地。他們在藤澤與箱根各住了一晚，之後穿過大井川往西邊移動，最後抵達京都。拉古薩玉描述當時在京都見到的情景說：「來到京都的旅館，我看到兩位年輕的女傭，坐在玄關台階上。因為天氣炎熱，她們赤裸上身，正在用石臼磨粉。當她們看到我們乘坐的車輛抵達時，立刻穿好衣袖。」然而，拉古薩玉拜託她們說：「請妳們先不要動，保持這個狀態就好。」並開始替她們作畫[1]。最後完成如圖5-1的繪畫。

俄理范曾描述下田居民的模樣，他說：「男性大多只有在腰際綁上兜襠布，女性通常會露出上半身。」(2) 此外，愛爾貝號的維爾納艦長也曾表示：「女性在家中工作時，如果感到炎熱難耐，就會脫掉和服，跟全裸沒什麼兩樣。」(3) 如同拉古薩玉所描繪的情景，即使到了明治十年，日本人依舊保有裸體的習慣。

以現代的角度來檢視，當時公共浴場的風景還是顯得大剌剌地。明治政府大約是在明治十八年前後，下令拆除石榴口，但無法確認正確的年代。從「陸湯」或「浴後湯」的變遷，即可看出一些端倪。陸湯就是提供沖洗身體或浴後淨身用的溫水池，在江戶時代，由湯汲男負責盛水；但到了明治時代，浴客可自由盛取陸湯的水。陸湯的水槽為男女共用，中間設有隔板，不會看到彼此。

「因為陸湯為男女共用，兩邊男女用木桶舀水時，木桶經常碰撞在一塊。如果有熟識的人在場，男女就會隔著隔板交談，例如『這不是阿春嗎？』『唉呦！是阿

圖 5-1　拉古薩玉所描繪的京都旅館情景

秋，今天有化妝喔！』『不要開玩笑啦！我才剛來這裡。』等。男性還會惡作劇，從隔板偷窺另一邊的女性，產生許多有趣的對話，如『看到奶奶了……』『真討厭！』『妳好像變胖了。』『最近吃比較好！』『是吃了太多炸羊栖菜嗎？乳頭都發黑了……』『你別太過分了！』等，女性則會濺起水花來對付男性。『可惡！不要一直開黃腔。』在才藝教室認識的火事師之女，以及經師屋的工匠，兩人在這裡互開玩笑，是相當奇特的時代。」(4)

火事師就是救火員，身為火事師的女兒，應該霸氣十足。經師屋則是指裝裱師的意思。上述對話，基本上就是年紀相仿的男女閒聊。但是，他們性觀念開放的程度，完全超乎現代人的想像。如果在當今社會，只要偷窺女湯，就會立刻被警察抓走。

火事師的女兒與經師屋來到的公共浴場，還算是男女分隔的形式，但其實還有更為開放的公共浴場。一八九一年（明治二十四年）五月，法國人卡巴里昂來到神戶，在兩位人力車夫的引路下，卡巴里昂描述自己來到了「一間屋子」裡。脫下鞋子站上榻榻米，當他進入房屋內部後表示：「我看到五位年輕女性，身穿維納斯般的輕裝，站在我的面前。毫無疑問地，我來到了錢湯。」

卡巴里昂顧及女性的貞節，打算離開錢湯，但顧著番台的男性不斷勸他進入浴池。「我改變了想法，打算親身體驗泡在熱水裡的感覺。但我沒有進入女性專用浴槽，而是選擇用隔板分隔的其他浴槽。」浴槽本身是男女分隔的形式，但其構造又與現代的錢湯完全不同。卡巴里昂還提到：「日本政府一心一意模仿歐洲的偽善之處，並禁止混浴行為。依照禁止令的規定，錢湯釘上一寸左右的木板，用來隔開男女，但男湯與女湯的兩邊就像是劇場的舞台，面向廣大的群眾。依照政府的措施，日本才能完全守護美德。」(5)

看完卡巴里昂的經歷，讓我想起第二章提到第70頁長谷川不深所描繪的江戶公眾浴場畫（圖2-4）。從圖中的公共浴場還可看到石榴口，而且浴槽雖然為男女分隔，但部分洗浴場與更衣間都是男女共用。卡巴里昂所來到的公共浴場，應該也是類似的結構，而且果真如他所述，「就像是劇場的舞台，面向廣大的群眾」。如此結構的公共浴場，以現代的標準來看，絕對不是屬於男女分隔的形式，只能算是過渡期的結構。

法國小說家所見的露天風呂

有關於當時日本家庭的入浴習慣，可以找到一些有趣的記載。法國海軍軍官，同時也是一位出色的作家皮耶・羅逖（Pierre Loti），在一八八五年（明治十八年）七月，因搭乘的船隻故障，暫時停靠長崎維修，當時三十五歲的他，在日本待了約兩個月的時間。在這段期間，羅逖認識了日本女性菊子，並娶她為妾，羅逖將他在日本生活期間的經歷，撰寫成小說《菊夫人》。

在小說裡，羅逖曾描述他在長崎所見的露天風呂景象。雖然名為小說，但其實是羅逖在長崎的親身經歷；當作是一本見聞錄，就沒有太大問題。羅逖描述：「在一整天裡，大約傍晚五至六點，可說是長崎最為滑稽的時刻。這時候幾乎每個人都是裸體的狀態，包括小孩、年輕人、老人等，大家都坐在浴桶中沐浴。」

如果長崎人只是在戶外沐浴，並沒有滑稽之處，讓法國人羅逖感到奇特之處，是「無論在庭院、中庭、店裡，或是住家門口」，都能看到沐浴的景象。此外，「完全沒有遮蔽物，不拘泥於任何場所」。讓羅逖更覺得奇妙之處，是入浴者的舉止。「從街道的這一端到另一端，因住家相鄰，鄰居之間都能輕易地往來與交談，在沐浴時經常會遇到鄰居。只要看到鄰居來訪，入浴者會毫不猶豫地從浴桶裡走出，拿著制式淡藍色的手巾，請客人坐下來，一邊附和對方的閒談。」

對於這樣的風俗習慣，羅逖所感受到的不是滑稽，而是不悅。因為他目睹這些妙齡女子，完全不在意地全裸進出浴桶。羅逖提出意見說：「然而，這些男性或女性（年老的婦人也是），以這樣的裝扮在路上亂晃，非常不像樣。」他還說：「當日本女性脫掉長和服與綁得很誇張的腰帶後，只剩下彎曲的雙腿、細長梨形的頸部，看起來只是渺小的黃種人。她們身上所擁有的些許人工魅力，與和服一同消失殆盡，沒有留下任何可取之處。」[6] 這是羅逖對於日本女性在戶外沐浴的見解。

打扮後的日本女性還算人模人樣，但全身赤裸後，毫無任何魅力……這是極度歧視日本女性的話語。要先說明的是，當時來到日本的多數外國人，其實都相當著迷於日本的文化或風俗習慣，但羅逖則是相反，別說是文化或風俗習慣，他完全是用高傲的態度來看待日本人。他曾經批評聚集在鹿鳴館的日本人說：「跟猴子沒什麼兩樣。」[7] 從以上的文章就能看出羅逖對於日本人的偏激想法。

羅逖在十五年後的一九〇〇年（明治三十三年），再次來到日本，並造訪他曾經住過一陣子的長崎。羅逖造訪阿梅的家，這裡是他與菊子曾經同居過的地方。「當我沿著山路前往阿梅家的途中，在我的心中浮現某種預感，在目的地似乎有豔麗的情景等著我。」究竟是何種預感呢？應該就是阿梅（雖然是一位快要五十歲的中年女性）正在沖澡的景象吧！因為當時的時間，剛好接近傍晚時分。羅逖還寫道：「每到夏天的傍晚，每位日本人都會在戶外沖澡。坐落於高地的村莊，比起城鎮更有純樸的風俗，但沖澡的習慣存在已久，就跟菊子的年代相符。不分男女，天真無邪的人們，拿著木桶或陶製大浴盆，來到家門口或狹小的庭院，在此洗滌身心。」(8)

我們已經見證裸體急速消失的現象，但隔天撕下日曆後，裸體並不會消失殆盡。西方文明複眼的威力，並沒有傳遍某些地區。軍醫龐貝曾提到，在長崎地區，百姓裸體從錢湯走回家的習慣，幾乎消失了，但沖澡的習慣就不一定如此。長崎與都會區不同，裸體觀念的變化速度，依舊緩慢。

然而，即使是都會區，裸體並沒有快速從街頭上消失。一八九九年（明治三十二年）六月二十九日，《讀賣新聞》刊登以下的報導：「每到夏季，警視廳會嚴加取締打赤膊與裸體的行為，由於今年剛好實施修訂條約，加上海因里希親王（筆者註：威廉二世皇帝的弟弟 Prinz Heinrich）明日訪問東京，從昨天開始，對於民眾裸體的取締措施，更加嚴格。」即使政府的取締日漸嚴格，但百姓在公開場合打赤膊或裸體的情形，並沒有完全消失。相較之下，依舊在意外國人視線的日本政府，顯得滑稽許多。

殘存的混浴習慣

混浴習慣也沒有完全消失，但這不是指公共浴場的混浴，而是溫泉旅館。因為《違式詿違條例》的禁止混浴法令，讓位於山間的溫泉旅館受到極大的影響，當政府禁止混浴後，旅館業者就必須改建浴場。對於家族式經營的旅館而言，這是攸關生死存亡的問題，一定會大力反彈。因此，一八七四年（明治七年）三月，在豐岡縣（現今的兵庫縣豐岡市）就有溫泉業者向政府陳情關於溫泉混浴的情形。

豐岡縣有眾多溫泉旅館，有許多患有疾病的外地浴客時常來到這些旅館泡湯，以求治癒疾病。這些浴客若無他人從旁照料，入浴是一件相當困難的事，因此常常會帶女兒等家人同行。但是，自從政府禁止混浴後，浴客就得雇用專門看護，相當不便。另外，在但馬國的湯村溫泉，由於土地狹窄，全村只有一間浴室有溫泉湧出，村民的收入完全依靠浴客。村民陳情說：「此禁令一出，全村村民頓失所依，無法養家糊口。」業者認為，混浴的禁令應該僅限於一般公共浴場，以病人為對象的溫泉，男女混浴不至於會妨礙風化。因此，他們懇求政府能在禁令中補充：「有關拾二條之但書，不包含溫泉旅館。」(9)「拾二條」指的是《違式詿違條例》的第十二條「經營男女混浴湯屋者」。結果，政府有聽取這些村民的心聲，介紹公共浴場歷史的《公眾浴場史》就記載：「其他府縣的溫泉也有類似的情形。」(10)如此一來，政府雖嚴禁公共浴場的混浴，但溫泉區則不在禁令範圍內，從這個時期開始，溫泉的混浴習慣得以存續，並延續至現代。

不過仔細思考，受到政府嚴格禁止的公共浴場混浴，逐漸消失；但是，政府睜一隻眼閉一隻眼的溫泉混浴，至今依舊存在。此外，現代人認為，在錢湯的混浴是不道德的事情，但對於溫泉的混浴採寬容的態度。由此可見，在人類養成常識的過程中，國家的法令規範扮演舉足輕重的角色。從以上的例子可得知，當我們深信某些行為是符合常識時，在三、四世代以前的社會，反而會被視為不合常理，這絲毫不意外。因此，某些看似強固的社會常識，其內層之脆弱，出人意料之外。

值得留意的地方是在現代溫泉的混浴行為，這是在法令許可下存續至今的習慣。公共浴場的混浴，雖然逐漸消失，但並非完全滅絕。由此可見，混浴應該是根植於日本人內心深處的習慣。如果不是這樣，當混浴從公共浴場消失的過程中，相信溫泉的混浴也會隨之消失，但事實並非如此。尤其到昭和四十年代初期為止，還依舊留存讓人懷念的混浴。

例如，歷史學者奈良本辰也，曾記載他在鳥取縣關金溫泉的體驗，他說：「那時候新幹線還沒有特急列車。」可知應該是在昭和三十年代中期。當地只有兩間旅館，奈良本辰也來到附設有溫泉的其中一間。不過，當他進入寫有男湯的浴池，卻發現浴池並沒有隔間。他心想，真是隨興啊！便進入浴池開始泡湯。後來，「過了一陣子，聽到女湯的入口傳來講話聲。」他看到有幾位住在附近農家的大嬸，毫不猶豫地進入浴池泡湯，坐在奈良本的對面。「在我的內心深處終於感受到，這就是真正的混浴啊！」(11) 這是奈良本當時的感想。

此外，身為訊息通信史家、前日本電信電話公社社員的押田榮一，也有與混浴相關的經歷。這是一九六一年（昭和三十六年），押田在栃木縣的鬼怒川溫泉住宿時所發生的事情。押田與同事小酌幾杯後，打算前往大浴場二次入浴。由於當時已經很晚，現場沒有正在泡湯的客人，押田一個人泡在浴池中，不久之後從更衣間傳來人聲。接著，大約有七、八位二十至五十歲的女性，進入浴場，她們都是旅館的女侍，結束一天的工作後，來到浴場泡湯。由於人數眾多，根據押田描述，他很想要離開浴池，卻無法出來。這樣讓我想起法國海軍士官杜巴爾，當他來到大阪的旅館泡湯時，也曾遇到女侍入內泡湯的情形，當時大約是明治八年。押田的親身經歷，跟杜巴爾極為相似。

與溫泉有極深淵源的漫畫家柘植義春，也曾提到混浴的體驗。他來到群馬縣湯宿溫泉的大滝屋時說：「記得大滝屋的溫泉，水溫沒有那麼熱。」當他進入溫泉時，「對於混浴感到猶豫，於是先觀察現場，等到人較少時再泡湯。」所以他先在更衣間脫掉衣服。後來，有一位身材豐腴的中年婦人入內，快速地脫掉衣服。柘植義春看到那名婦人面向籃子，似乎正在找什麼。柘植描述當時的情況：「我看她彎下腰，屁股朝著我，我不小心看到那個……當時我還年輕且單身，真的是嚇到了。我們兩人沉默地泡著湯，我還記得自己當時是全身發抖的狀態。」後來，有位男性入內，看起來應該是婦人的先生，柘植表示：「終於得救了。」[12]

另外，根據柘植義春表示，漫畫名作《源泉館主人》（ゲンセンカン主人）的入浴場景，就是源自他當時的體驗。由於該作品於一九六八年（昭和四十三年）發表，因此柘植的混浴體驗是在一九六八年之前。還有，柘植曾住過的大滝屋，至今依舊有營業，有些住宿客都是衝著柘植義春作品的風景，慕名前來，我也是其中之一，並投宿在大滝屋。

無論如何，現代依舊有許多混浴溫泉。不過，幕末的混浴溫泉就先不說了，昭和三、四十年代所留存的混浴，在本質上也許有似是而非之處。以混浴作為吸引顧客手段的現代溫泉旅館，也會考慮到女性顧客不想讓異性看到裸體的感受，進而限制特定的時段，僅供女性客人入浴。此外，客人泡湯時雖然不能穿泳衣，但部分旅館允許客人可以包上浴巾，或是出租可遮蔽胸部到膝蓋部位的「泡湯連身服」。此外，據說近年來「泡湯時身體裹上毛巾的男性遽增」[13]，這些男性被稱為「遮羞布男子」。隨著時代變遷，世人對於裸體的觀念與接受程度，也產生極大的變化。混浴依舊存在現代社會，但不得不說的是，要找出幕末混浴公共浴場的餘味，是非常困難的事情。

海水浴所反映的裸體觀念變遷

話題回到明治時代，即使到了明治時代中期，一般民眾對於裸體的想法，並沒有與羞恥心強力連結，依舊留存江戶時代我行我素的風格。然而，另一方面，在《違式註違條例》的管制下，政府鎮壓裸體的效果著實提昇，有民眾開始將裸體與羞恥心產生關聯，也就是新世代的崛起。如此一來，在明治中期至明治三十年代的期間，便成為新舊世代價值觀相互糾葛的時代，其中以海水浴場的景象，最能看出其中的端倪。

大約從明治十年開始，日本的海水浴習慣逐漸普及。在提到海水浴的大眾化時，絕對要提到松本良順這個名字；良順為德川幕府的醫官，曾跟隨林洞海等人學習蘭學（洋學），也曾跟隨本書多次提及的龐貝，學習西洋醫術。幕末的明治維新爆發動亂時，良順選擇支持幕府，對抗維新政府，之後被扣上反叛分子之名入獄，後來獲得赦免，並任命為陸軍最早的軍醫頭，對於提昇軍中醫療的完善體制，有極高的貢獻。另一方面，良順也致力於改善民間的衛生環境，其中包含提倡海水浴。在一八八五年（明治十八年），良順在神奈川縣大磯的照崎海岸，設立了海水浴場，日本的海水浴習慣開始普及。

法國畫家比戈（Georges Ferdinand Bigot）擅長描繪諷刺畫，他也畫下日本當時海水浴的情景，其中的畫作包含一八八七年（明治二十年）的熱海海岸（圖 5-2）。畫中可見有位女性僅穿上一件腰卷，

圖 5-2　比戈所描繪的熱海海水浴場

上半身赤裸，毫不害羞地與男性一同沐浴，小孩則是全裸。男性都在海中，無法辨識穿著，但通常都只穿一件褌，也就是兜襠布。然而，坐在畫面前方的男性，似乎

圖 5-3　比戈所描繪的稻毛海岸海水浴風景

是全裸的狀態。有些人頭上則包裹著布巾，是為了防曬。以現代的角度來看，不得不說，這些人完全遮錯部位。此外，圖5-3也是比戈的作品，描繪的是千葉縣稻毛海岸的景象。比戈於一八九八年（明治三十一年）完成此畫，從政府頒布《違式詿違條例》後，大約已過了四分之一世紀，但女性僅穿著腰卷，露出胸部的習慣依舊存在，完全看不出來有任何害羞的感覺。

時間大約在當時的前後，一八八八年（明治二十一年）或八九年的夏天，美國女性愛麗絲・培根（Alice Mabel Bacon）來到日本，擔任東京貴族女校的英語教師。她曾記載「某年夏天，在迷人的海邊」所見到的光景。當她茫然地眺望大海時，看到水果販所身穿的藍色衣服、扁擔、水果籃，都放在海水浴場的衣物保管處。後來，身材嬌小的賣水果女性，從海中走上岸，用小條手巾擦拭身體。她是全裸或僅身穿腰卷的狀態呢？愛麗絲並沒有詳細記載。然而，愛麗絲提到：「日本的農民即使沒有穿上任何衣物，至少也會帶著一條手巾。」由此可得知，當時賣水果的女性，是以全裸的姿態下水。

更令愛麗絲驚訝的在後頭，當那位女性在擦拭身體時，男性友人剛好也經過那裡。她好奇地眺望現場，心想不知道賣水果的女性會有何反應。沒想到，「賣水果的女性完全不慌不忙，直到友人近距離靠近前，依舊從容地持續擦拭身體。」愛麗絲還寫道，他們稍作交談，「感覺男性似乎沒有注意到，淑女的衣著不整這件事情。」(14) 當男性遇到裸體的女性時，他的視線就跟〈下田公共浴場圖〉中，雙臂交叉的男性一樣，完全是放空的狀態。

不過，在海中進行海水浴的時候，並非所有女性都是裸體的狀態。例如一八八九年（明治三十二年）八月十七日，《朝野新聞》所刊登的報導寫道：「在海水浴場可見太太、女兒，以及女老師帶著女學生的團體，她們身穿平紋細棉布的西洋寢卷，頭戴大型草帽，三五成群，心無二念地在海中戲水。」(15) 西洋寢卷是當時女性在進行海水浴時經常穿著的服裝，類似現代的西式睡衣（但布料較厚）。

此外，一八九二年（明治二十五年）八月二十三日的《讀賣新聞》記載：「日本橋區濱町河岸的游泳教室」，有三位泳裝美女在此游泳。「她們身穿紅色縐綢貼身泳衣與緊身短褲，以伸直手的泳姿來回中洲，她們具備高超的游泳技術，連男性也自嘆弗如，因此有許多住在兩國元町一帶的閒暇民眾，為了一睹這三位美女的面貌，特地來到濱町河岸。」這三位美女也有穿上泳衣，如果她們像是比戈或愛麗絲所描述以裸體游泳的女性，相信前來圍觀的民眾更多。更應該說，因為她們是身穿泳裝，反而是罕見的情形吧！根據後續報導，這三位美女對於一大群民眾圍觀感到不悅，只好跟教練一起更換訓練場所。

此外，從早期的報導中也可看出，身穿著泳裝的男女在同一座海水浴場游泳，會被當成混浴，因而遭批評為不檢點的說法。一八八八年（明治二十一年）七月十八日的《東京日日新聞》報導就寫道：「神奈川縣廳公告，由於近年來縣內各海灘相繼設立海水浴場，產生男女混浴之惡習，因此今後將設置男女區域，違反者將以違警罪論處。」[16]由此可看出政府運用公權力來規範海水浴活動。結果，至今各處依舊可見因類似情況，所引發的滑稽後果。

徹底遮掩裸體的女性

然而，在探討海水浴時，還要提到與知名女權運動者平塚雷鳥有關的有趣故事。在雷鳥就讀女校時期的一八九八年（明治三十一年），她曾經在葉山度過暑假。在葉山住宿地的附近，有日本子爵井上毅的別墅，當時還有雷鳥的同年級同學井上姊妹，以及家庭教師愛麗絲，都一同在葉山避暑。愛麗絲負責教導雷鳥游泳，據說雷鳥在游泳時所身穿的是「母親用縫紉機縫製，白色棉布洋裝般的泳衣」，應該也屬於西洋寢卷的形式。相較之下，家庭教師愛麗絲身穿「鮮紅色穆斯林紗泳衣加上短褲，露出白皙大腿」。對於愛麗絲的穿著，雷鳥回想說：「雖然是西方人，穿著卻意外地顯眼。」

另外，雷鳥的父親是會計檢查院次長平塚定二郎，當時定二郎的下屬，也帶著家人來到葉山避暑。下屬也有兩位正逢青春年華的女兒，她們果然也是身穿「類似護士裝的泳衣」前來。但是，雷鳥在白天向愛麗絲學習游泳時，卻見不到那兩位女兒的身影。雷鳥詢問她們原因，她們說：「白天穿泳衣游泳實在太害羞了，只能趁晚上的時候下水。」不過雷鳥則認為，對於游泳的恐懼感，應該會比害羞的感覺更強[17]，果然是一位女權解放運動者。

看完以上有關於海水浴的故事後，就會發現日本人的裸體觀念有諸多矛盾之處。將海水浴當成溫泉或早期的公共浴場來看待的傳統百姓，即使身穿一件腰卷下水游泳，也不會感到害羞，比戈所描繪的女性就是典型的象徵。附帶一提，過去人們在進入浴池時，男性會穿上褌，女性則是身穿「湯文字」（腰卷），因此身穿褌或腰卷洗澡，是非常傳統的入浴方式（講個題外話，現代的「泡湯連身服」，應該也是回歸傳統的形式吧）。此外，每個地區的居民裸體觀念各有不同，如同愛麗絲所見的景象，日本鄉下地區的裸體觀念仍保留過去樣貌。

另一方面，從明治時代開始普及的海水浴中，許多人已經採納西方的習慣。例如報紙報導的「身穿平紋細棉布的西洋寢卷」的太太、女兒、女老師、女學生等人。還有「身穿紅色縐綢貼身泳衣與緊身短褲」的三位美女，也是同樣的類型。她們不再以裸體的姿態戲水，從中顯現出在名為羞恥心的全新基準下，有女性開始下意識地遮掩裸體。

此外，也有女性羞於被別人看到「護士裝的泳衣」，平塚雷鳥所描述的兩位女子就是這個類型。雷鳥生於一八八六年（明治十九年），那兩位女子也跟雷鳥同世代，當時大約為十二歲左右。簡單來說，她們出生於《違式詿違條例》已在外地普及的時代，可說是後《違式詿違條例》世代的女性。自從她們出生後的年代，裸體就被視為禁忌，加上受過高等教育的女性，與西方人一樣具有相當程度的羞恥心，因此想要遮掩裸體，是理所當然的行為。

因此，自從海涅目睹下田公共浴場後，已經過了四十多年，可見日本人的裸體觀念，在傳統價值觀與新觀念之間相互拉扯。此外，當日本人的裸體觀念處於模糊不明的階段時，又出現另一個棘手的問題，那就是藝術性裸體。換言之，公然裸露的裸體被當成猥褻行為，但用來表現藝術形式的裸體，則屬於例外情形，這也是值得探討的地方。明治時代中期，有關於這類思想的對錯，產生所謂的裸體畫論爭，在社會造成波瀾，同時嚴重影響日本人的裸體觀念。

裸體畫論爭的開端

裸體畫論爭的開端，是作家、詩人兼編輯的山田美妙，於一八八九年（明治二十二年）發表的小說《蝴蝶》。美妙為盛岡藩士之子，於一八八五年（明治十八年）與尾崎紅葉等人組成硯友社，在機關刊物《我樂多文庫》發表小說作品。山田美妙以職業作家之姿出道後，發表歷史小說《武藏野》，是以「です調」文體撰寫而成，與二葉亭四迷的《浮雲》齊名，創造出言文一致體。美妙於一八八九年一月二日出版的雜誌《國民之友》所刊載的《蝴蝶》，是引發論爭的根源。

歷經壇之浦之戰，宮女蝴蝶幸運保住一命，原本在海上漂流的她，被海浪打回岸上，蝴蝶「全身赤裸，坐在黑松樹的樹下」。蝴蝶「將溼透的衣物繫在下半身」，小說描述其姿態「水與土的『自然』巧妙結合，就像是一幅活靈活現的畫作，結合堪稱為美術神髓的曲線，構成動人的裸體美女。」作者稱讚蝴蝶為「高尚美人，具備真正的『美』，也就是真正的『高尚』。」[18]當時半裸的蝴蝶，再次與暗戀已久的平家落難武士二郎春風相會。

圖 5-4　《蝴蝶》插畫

小說描述當時的情景，並刊登渡邊省亭所描繪的插畫（圖5-4）。蝴蝶有著一頭長髮與八字眉，很有宮廷女官的特色，她雖低著頭，依舊可見姣好的面貌。下半身雖被衣物遮住，但露出胸部的身體，線條迷人，十分妖豔。插畫中可見二郎春風仰望著蝴蝶，此插畫與小說出版後，當時的報刊與小說等媒體，對於蝴蝶的裸體展開正反議論。

例如當時一月十一日出刊的《讀賣新聞》，在早報的投稿專欄中，刊載以「書中的裸胡蝶」為題的投稿文章，讀者化名「刺笑生」。裡頭寫道：「書中乾胡蝶本為詩人之難題，而我在此取名為書中的裸胡蝶。相信很多人看過某雜誌所刊登的裸胡蝶，那看似白大理石的希臘女神立像，但欠缺細腰體態。蝶兒臀部豐腴，這是美術曲線的美妙之處嗎？但實為美術的濫用，是不宜讓大眾閱讀的文章與插畫。」

「刺笑生」認為，山田美妙透過小說，強調蝴蝶嫵媚的身體曲線，以及豐腴的臀部，這是美術的濫用，不宜在大眾面前公開。他還用「美術曲線的美妙之處」的雙關語，來揶揄山田美妙，語氣充滿諷刺。

到了隔天，又有一篇與「刺笑生」站在對立觀點的投稿。這位讀者名叫「鷗外漁史」，投稿文章標題為「以裸體之姿去吧」。鷗外漁史，為大文豪森鷗外的別號。鷗外在《蝴蝶》發表的同年八月，同樣在《國民之友》發表了與三木竹二合譯的詩集《於母影》，他則是屬於支持裸蝴蝶的一分子。

「書中的裸蝴蝶（！）……哎呀，像這種瑣吉或阿榮這號人物，總是會小題大作，但重提像是在西方持續千年或兩千年的議論，實在沒有意義。阿武也是可以用『雖為裸體，但是有用香桃葉來遮掩重點部位』等文字來表現，讓這些人感到安心。身穿西服開店的老闆，是高雅之人；前往女湯的婦人，則是下流之人。她們認為歐美人士才是高尚的，並感到欽佩。其實根本不用在意這群衛道人士的想法，以裸體之姿去吧！poesy。」

瑣吉是指吹毛求疵的人嗎？像是阿榮以及後續的描述，並不太容易理解。不過，山田美妙本名為武太郎，因此阿武就是指美妙。鷗外用曖昧不清的字眼，建議美妙無須理會那些將細微事物用放大鏡檢視的人。文章的最後，鷗外提到「以裸體之姿去吧！poesy。」將衛道人士拋之九霄雲外。這句話的含意也相當耐人尋味，如果將 poesy 譯作詩人，應該就是鷗外對美妙的鼓勵之意（美妙也擅長寫詩）。

直到一月十八日為止，《讀賣新聞》於每期的投稿專欄中，都會刊登對於裸體蝴蝶的正反兩派意見。某些人提倡裸體的正當性，而某些人則是賣弄自身學識，譴責蝴蝶的裸體。甚至有人會憑藉自身的學識，不斷地追究他人的過錯。這就像是現代網路上的留言板，大家吵來吵去，十分有趣。這段期間，《讀賣新聞》的編輯選擇袖手旁觀，並沒有陳述意見，當兩方議論過於激烈後，編輯最後表示「今日由編輯認定，雙方平手。」之後便停止接受相關投稿。

此裸體爭論，還引發了後續效應，有人以實際行動仿效「以裸體之姿去吧！poesy。」一月二十五日《讀賣新聞》出刊的報導寫道：「本讀賣新聞的讀者專欄，曾引發讀者議論，無論是大膽或難以言喻的行為，在社會大眾之中，的確有人嘗試模仿裸胡蝶。」東京府內的某位消防組（戰前日本負責消防的非常備機關）的組頭（隊長），在自家舉辦新年宴會，邀請藝妓與落語家來到家中。某位名叫枝太郎的落語家喝到爛醉，把衣服脫光光後開始跳舞，發生此事件後，人們又開始議論在公開宴會場合裸體是否得宜。雖然這類的事件不具有報刊報導的價值，但還是能看出當時的日本社會，對於裸蝴蝶的關注程度。可以確定的是，在明治中期，的確有民眾認為在公開場合裸體，是一件不得體的行為。

黑田清輝與裸體畫論爭

山田美妙的《蝴蝶》，造成世人的廣大議論，但之後還有更嚴重的裸體畫議論，引發軒然大波的是西洋畫家黑田清輝的畫作《朝妝》。

圖 5-5 《朝妝》

黑田清輝為薩摩藩士黑田清兼的長子，後來成為元老院議官黑田清綱的養子。一八八四年（明治十七年），黑田遠赴法國留學，學習法律知識，但他後來放棄攻讀法學，踏入美術的世界。他在一八九三年（明治二十六年），於巴黎春之藝廊發表事後釀成導火線的《朝妝》畫作（圖5-5）。畫中，描繪了女性全裸對著鏡子梳妝的背影，鏡中映照著女性的身體。畫名的「妝」字，為「打扮、化妝」之意。

黑田回到日本後，於一八九五年（明治二十八年）四月，在京都舉辦的第四屆內國勸業博覽會，展出他的《朝妝》畫作。然而，這幅裸體畫卻引發軒然大波，被外界指責為傷風敗俗，並遭質疑是否適合在博覽會上展出。博覽會官方為求慎重，詢問警方的意見後，警方表示應當停止展出。不過，當時的博覽會事務局人員山高信離，引用西方國家展出裸體畫的先例，極力說服官方應當繼續展出(19)。山高信離為前幕臣，曾於一八六七年（慶應三年）受政府之命前往巴黎參加萬國博覽會，作為代表德川昭武的使節團一員，前往法國。因為他具有豐富的留歐經驗，對於裸體畫的展出，應是抱持著開放與前衛的觀念。最後，這幅畫作被列為美術品範疇，獲得保留公開展出。

然而，社會輿論並未就此停歇，《大阪朝日新聞》於四月五日刊載標題為「美術館內的裸體畫」的報導，提到：「某幅五尺多的裱框畫，裡頭畫有裸體的西洋婦人背影，她站在鏡子前面化妝，鏡中映照著婦人前面的身體。」不用多說，報導很明顯指的是黑田的《朝妝》。《大阪朝日新聞》記者寫道：「根據某位觀者的描述，原本在日本畫的領域中，這類裸體畫被列為禁畫，屬於猥褻畫的一種，但現在公然地在館內展出，有違油畫的原則。曾聽過有人說，如果沒畫出陰毛，其實跟一般的油畫沒有差別，沒有太大問題。如果此言為真，未來日本美術將步入歧途，當今畫壇充斥這類畫作，極度敗壞風俗，令人無法忽視。總之，此事件將釀成整個日本美術界的嚴重問題。」

報導的重點，就是批判在博覽會公開展示裸體畫，有可能會敗壞社會風俗，從中探討裸體畫對社會大眾的影響。記者提到報導是引述某位參觀展覽的民眾（某位觀者）的意見，但這應該是記者根據自身的真心話所撰寫而成。同樣是《大阪朝日新聞》於四月二十三日的報導，標題為「有關於陳列醜畫」，雖然無法確定是否為同一位記者撰文，但報導描述了《朝妝》在博覽會展出的始末。標題十分明顯，可看出該報社對於博覽會展出裸體畫，始終站在反對的立場。

此外，五月十一日出刊的《都新聞》，以「把裸美人畫藏起來吧」為標題，批評：「哎呀！真是不堪入目。裸體畫真的能顯現美術的精粹嗎？」還寫道：「如果他只是想要凸顯身為美術家的技法，畫了一幅裸美人畫，也是情有可原。然而，若在大眾社會公開展出，就是醜陋無比的行為，這些美術家醉心於美術理論，卻忘記畫作對於社會風俗所帶來的影響。」[20] 該報導對畫家提出忠告，若在私底下畫裸體畫無妨，但不可公開展出。

在舉辦博覽會的京都，當地的《日出新聞》也刊載頗具批判語氣的報導：「當下的重點，並非議論這幅畫的畫風好壞，而是在神聖的內國勸業博覽會中，這幅畫成為一大污點，這就是議論的重點。與其造成污點，不如立刻撤掉畫作。本次博覽會舉辦期間，眾人吵得沸沸揚揚，除了這幅畫，剩下的焦點只剩下東山的日出（筆者註：之後會提到的「村井香菸」商標）廣告（中略）。即使某新聞報刊將之批判為醜畫，審查者也有所顧忌，但創作者應當多加反省。」(21) 文章雖未提及黑田之名，卻用嚴厲的語氣，要求創作者自我反省。

在《大阪每日新聞》、《萬朝報》、《東京日日新聞》等報導中，都能看到類似的論調(22)。雖然也有報社比照《讀賣新聞》的立場，並不會特意渲染裸體畫來引發世人關注，但多數的報社對於博覽會展出裸體畫，都是站在反對的立場。在這個時期，媒體已經將批判公開場合露出裸體為不道德的風向，視為正確言論。

面對裸體畫的困惑之處

對於社會的批判，《朝妝》的創作者黑田本人誇大其詞地說：「沒想到我的裸體畫引發社會嘩然，十分有趣。」他指出：「如果陳列裸體畫是不被社會許可的事情，這也宣告了，未來日本人不得研究人類的型態，這是需要深思的事情。」他還主張：「站在世界普遍的 aesthetic（筆者註：美學）觀點，若考量到日本美術的未來，絕對不會否定裸體畫的存在。裸體畫沒有不好，甚至有其必要性，是值得鼓勵的美術型態。」黑田說明他的理由：「那些攻擊裸體畫的人，他們的觀點只是因為看不習慣，如果讓不懂美術的百姓看到裸體畫，擔心他們會有何想法，這完全是愚蠢的觀念。美術的意義究竟為何？只是用來滿足某些人的愛好嗎？無論在哪個年代，哪個國家，美術都不能遮人耳目，但也不是讓所有文盲都能加以理解。」黑田接二連三地解釋。他最後說：「若要講道理，我還是贏了喔！總之我已經做好與裸體畫同進退的決心。」(23)

那麼，實際看過這幅裸體畫的人，有何反應呢？《日出新聞》的報導，提到鑑賞者當時的感受：「男性毫無顧忌地嬉笑，講出一些不雅的字眼；很多女性看到後立刻臉紅，急忙離開；有人眉頭深鎖地細看，發現畫中人物的私處；也有人像是鄉下賣菜婦，得意洋洋地跟旁邊的男性聊天。」包括講出不雅字眼的男性、害羞地逃離現場的女性、眉頭深鎖的男性、得意洋洋地聊天的女性等，每個人看完裸體畫的反應，可說是各有不同。

此外，還有一位實際看過《朝妝》筆名為「芝廼園」的人物，在手記中寫道：「總

圖 5-6　比戈所描繪觀看《朝妝》的人們

之是造成嘩然的裸體美人」。芝廼園引述「身穿白色西服的矮小男性」以及「身材肥胖男性」，他們站在《朝妝》前面欣賞畫作時的對話：「曲線的搭配堪稱為美術的神髓，毋庸置疑，裸體畫是美術之神。就如同法蘭西新派的瀟灑筆觸，匠心獨具，出類拔萃，畫中女性清晨梳妝的姿態，生氣勃勃。」然而，投稿者並不認同這兩位男性的意見，直言說：「那是欺騙世人的說法。」他的真心話是這樣的：「這是被捧上天的裸美人，如果畫中女性真有通天本領，但願她每晚能從畫中跳出來，偷偷來到我家，跟我一起講些無聊話，這樣反而比較有趣。」(24)如同現在，有許多參觀美術館的民眾，同樣具有庸俗的性格，無視高尚的美術理論。

此外，從比戈所畫的知名插畫，就能了解當時的景象（圖5-6）。畫框中的畫作，很明顯就是黑田清輝的《朝妝》。從插畫可見一群男女老少聚集在裸體畫前面，畫面左邊的壯年男性眉頭深鎖地細看畫作，旁邊有位將雨傘拿在身後的老人，嘴巴半開地看著作品。老人左前方的婦人，拿著帶有握柄的單眼鏡，感覺正在研究畫作的細部；右邊的年輕軍人，就跟老人一樣看畫看到嘴巴半開，似乎不好意思直視裸體，只好看著裸女的黑髮。軍人的旁邊應該是一對母子，媽媽近距離觀看畫作，旁邊戴著學生帽的男孩，正在用筆記本摹寫。其中最引人注目的是中央的女性，她的和服裙擺拉高到臀部附近，用雙手遮臉，感覺是害羞到無法直視。然而，露出的雙腿，或是若隱若現的臀部，都跟畫框內的模特兒有著同樣的身體線條。女性的雙腿不輸給畫中女性，散發女性嫵媚的風情，這也許是畫家想要傳達的重點。

這幅插畫是否有比照實際情形描繪而成，我們不得而知。捲起裙擺並用雙手遮住臉部的女性，在畫中顯得十分醒目。先忽略作者明顯的創作意圖，再次檢視這幅插畫時，我們就能從作品加以解讀，當日本人站在這幅裸體畫前面時，他們產生困惑的情緒。此困惑的情緒，就跟先前介紹的《日出新聞》報導中提到的看畫民眾，有共通之處。負責撰寫報導的記者，也有共通的情緒，這一點也不足以為奇。明治政府徹底鎮壓裸體，但竭盡全國之力所舉辦的內國勸業博覽會，卻公然陳列原本遭強力禁止的裸體。老百姓只要在街上打赤膊，就會遭受《違式詿違條例》的懲罰，但更為大膽的女性照鏡子裸體畫，為何安然無恙呢？相信任何人都會感到困惑，這也是最為直率的反應。

柳田國男在著作《明治大正史．世相篇》提到：「背後的動機，是為了重視身為平等條約國的首都顏面，實際上政府已在某個時期開始，嚴格取締人民裸體與打赤膊的行為。」這就是本書提過的，此舉是明治政府顧慮到外國人表面的視線，所採取的措施。柳田還提到：「這時候舉辦了繪畫與雕刻的展覽，正是最需要推崇顯露身體之美的時機，這件事恰巧並進而行，令人感到不可思議。」[25] 柳田所提到的「這件事」，當然就是指政府鎮壓裸體。換言之，柳田所指的是，政府嚴格取締裸體，另一方面又宣傳藝術性的裸體之美，這是不可思議的事情。不知道是否只有筆者認為，柳田本身也對此感到困惑。無論如何，裸體被當成猥褻行為而遭受鎮壓，卻有人認為藝術性的裸體則不在受管制的範圍內，當裸體單純為「裸體」之時，其邏輯令人無法理解。

即便如此，觀察日本西化的過程，當日本人在裸體面前會感到困惑時，證實日本人在裸體觀念上，的確有吸收到西方人的觀念。於是伊里亞思才會用「文明的進程」[26]，來形容日本人穩步進化的過程。因為在日本人的心中，已經建立不能在公開場合輕易裸露的觀念，所以人們看到裸體畫才會感到困惑。例如在葉山的海水浴場，羞於以泳裝穿著見人的女子，也許就跟比戈所描繪的女性相同，看到裸體畫時會馬上用雙手遮臉。

持續上演的裸體畫爭論

引發社會輿論譁然的《朝妝》，並沒有被展覽單位撤掉，在展期中仍持續提供民眾欣賞。不過，據說天皇親臨會場時，展方人員曾用布蓋住畫作(27)。展覽結束後，住友家以三千元日圓的價格買下《朝妝》，若以米價為基準換算成現在的幣值，當時一石米為五日圓，約等於現在的六萬日圓。因此，如果當時的一日圓等於現在的一萬二千日圓，三千日圓的畫作價格，大約等於現在的三千六百萬日圓，是相當高的金額。可惜的是，這幅畫在第二次世界大戰期間，因遭遇空襲而燒毀。

博覽會結束後，《朝妝》雖然被放在住友家收藏，但裸體畫爭論並未就此停歇，之後關於如何看待具藝術性的裸體畫或雕刻，持續上演激烈的議論。一八九七年（明治三十年），日本內務省發布內部訓示，針對開放一般民眾參觀的展覽，若展出裸體畫或雕刻，可能會導致風紀敗壞，因此政府嚴格取締有關裸體的美術作品。同年十月，黑田清輝於白馬會展展出由三幅裸體畫構成的作品《智、感、情》，警察並沒有加以取締，但原本刊登該作品的《美術評論》雜誌，卻遭政府下令禁止販售。可以公開展出的作品，卻無法刊登在印刷品上，顯現出警察充滿矛盾的取締方式。

藝文雜誌《新著月刊》也引發爭議事件，此雜誌由後藤宙外、島村抱月、小杉天外等人於一八九七年（明治三十年）四月創刊，除了小說作品，雜誌還以卷頭插圖的形式，刊登許多國外的裸體畫。雜誌所刊登的裸體畫引發爭議，因此在隔年五月接到禁止販售的處分。當時被告認為，刊登於《新著月刊》的裸體畫，都是公開展出的美術作品，像是在白馬會等美術展覽，都有展出類似的繪畫，美術學校的學生，也會看著裸體模特兒作畫，如果這些藝術行為都是有罪，這將是日本美術界的一大挫敗，《新著月刊》以上述理由主張無罪。經過法院審理後，東京地方法院於五月三十一日宣判《新著月刊》無罪(28)，但《新著月刊》之後並沒有再重新出刊。

與上述事件幾乎同時期，京都村井兄弟商會（村井香菸）引發了「香菸卡」事件。村井吉兵衛為商會創辦人，商會在一八九四年（明治二十七年）販售從美國引進的菸草所製成的 HERO 香菸。由於此香菸的味道類似進口香菸，上市後大受好評，成為熱銷商品。此外，隨香菸附贈的卡片，也是 HERO 熱銷的主要原因。卡片是上頭印有嫵媚的西方女性畫像，廣受民眾歡迎，以現代的角度來看，這些卡片就只是印上女性圖像而已，是無足輕重的卡片（圖 5-7）。然而，在一八九八年（明治三十一年）六月，村井香菸卻遭舉發敗壞風俗罪名。法院審理的結果是，由於卡片上的裸體畫源自國外，並沒有違反法令，但還是有敗壞風俗之虞，故處以禁止販售卡片之處分。

此外，在一九〇〇年（明治三十三年）十二月，藝文雜誌《明星》第八期刊登了一條成美所臨摹的法國裸體畫（圖5-8），也引發敗壞風俗的爭議。在現代社會的

圖 5-7　村井香菸隨香菸附贈的卡片（吉井正彥提供）

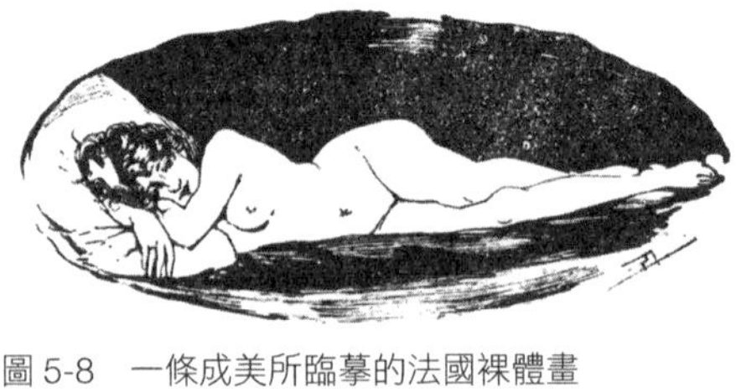

圖 5-8　一條成美所臨摹的法國裸體畫

許多少年漫畫雜誌中，也經常能看到畫風更為開放的作品，雖然此臨摹畫的裸露尺度比村井香菸的卡片更大，但因為當時並沒有類似現代的漫畫雜誌，所以《明星》最後仍遭到禁止販售的處分。附帶一提，創辦《明星》的與謝野鐵幹，曾在《明星》第八期中提及在白馬會展出的裸體畫，是出色的美術作品，並給予極高評價[29]，也許就是這個原因觸怒警察。然而，被下達禁止販售處分的《明星》，「反而廣獲世人共鳴，出版冊數遽增。」[30]形勢發展是如何突然轉向的，不得而知。

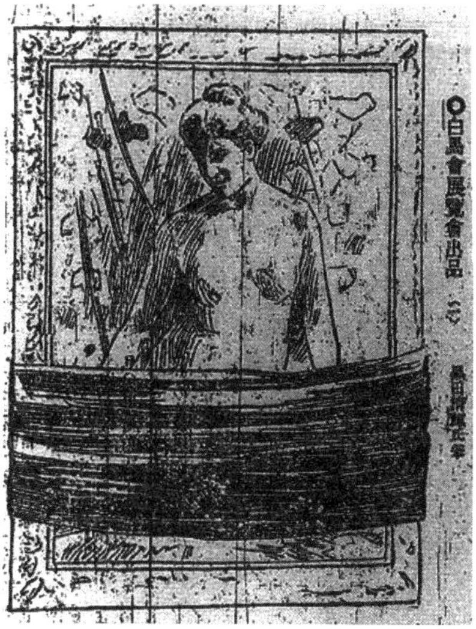

圖 5-9　白馬會展展出作品（黑田清輝筆）

接著在一九〇一年（明治三十四年），警察開始用公權力干預陳列於美術會上的裸體畫。同年十月，第六屆白馬會展於東京上野舉行，黑田清輝展出的裸體畫，下半身被布蓋住了（圖 5-9）；除了黑田的畫作，還有展出法國畫家柯倫（Raphaël

Collin）的奧德翁劇院天井畫底稿。刻意用布蓋住畫中人物的下半身，的確是現代美術會採用的手法，但黑田的裸體畫並沒有要強調任何美術效果，這是下谷警察署長所下達的命令，以防止裸體畫敗壞風俗。

之後還有類似的事件發生，在一九〇三年（明治三十六年）第八屆白馬會展中，會場設有特別展間，裡頭展出幾幅裸體畫作品。據說「持有會員介紹書或招待券，以及美術學校師生或研究者」(31) 才有資格進入特別展間。警察取締的對象，並非只有白馬會，一九〇五年（明治三十八年）四月，高橋廣湖的《如花》在巽畫會展出，下谷警察署同樣以敗壞風俗的理由取締，因此該會也設置了特別展間，展出包含《如花》的四件作品。

此外，在同時代的英國，也曾因裸體藝術而引發社會輿論。在前面的章節提過，維多利亞時代的英國，頌揚勤勉與節儉的美德，嚴格的社會規範成為共通觀念，裸體因此被社會視為是一大禁忌。世人若看到裸體畫，一定會議論不休。例如在一八八五年，包含皇家藝術研究院展等美術展，都有展出眾多裸體作品，曾有為化名為「英國良知婦人」的投稿刊登在英國《泰晤士報》上，裡頭寫道：「裸體作品簡直侮辱觀眾，對於模特兒職業的不良影響也顯現出來。」這位「英國良知婦人」，提倡民眾要抵制藝廊陳列裸體畫的行為，自此以後，各家報社開始收到大量投稿，投稿內容幾乎都是批評裸體畫(32)。日本人對於裸體畫的批判意識，雖然比起英國來得更晚，但的確已經趕上英國的腳步。

力求邁向西方文明的「踏繪」

到了大正時代後期，也就是一九二〇年代中期，原本嚴格的裸體畫規範，稍微獲得放寬(33)。然而，即使是放寬，不代表政府毫無管制。追根究柢，裸體是野蠻行為，或是一種藝術，其基準相當曖昧，至今依舊沒有明確的標準。最典型的例子，就是一九九九年（平成十一年）美國攝影師羅伯特·梅普爾索普（Robert Mapplethorpe）的攝影集，遭日本海關認定為「猥褻圖畫」，而遭到沒收的事件。攜帶攝影集通關的出版社社長，主張攝影集並非猥褻圖畫，因而控告日本政府，請求撤銷處分與國賠。一審判決原告勝訴，二審判決逆轉，認定被告的國家勝訴，直到二〇〇八年（平成二十年），日本最高法院推翻下級法院認定攝影集為猥褻圖畫的判決，確定原告勝訴。從發生攝影集事件到終審判決，中間經過十幾年的時間，從此案例可看出，裸體是猥褻或是藝術，至今依舊曖昧不明。

那麼，明治時代的裸體畫爭論，對於日本人的裸體觀念變化，帶來哪些含意呢？一開始要提出的是，在徹底隱藏性的社會裡，裸體畫的爭論是無法避免的過程。在隱藏性的社會中，裸體不得在眾人面前露出，但另一方面，社會又認同藝術為培養崇高精神的象徵。然而，當裸體成為藝術的表現型態時，徹底隱藏性的社會頓時感到狼狽。原本應當被隱藏的行為，卻以藝術之名，在光天化日下公然曝光，如果不分青紅皂白地譴責，就等於是否定藝術。即便如此，如果放任裸體不管，徹底隱藏性的社會，就會顛覆其根本精神。

因此，隱藏裸體的社會，想出一套巧妙的邏輯。「身為文明人，只要是屬於藝術範疇的裸體，就不能抱持羞恥心來看待。因為這是高尚的行為。」這就是其特殊的邏輯。聽起來像是歪理，但當社會在開始接受這套邏輯的過程中，最常引起論戰的當然就是裸體畫的爭論。在當今社會，出現於街頭的眾多裸體雕刻，都是憑藉著這套巧妙的邏輯，公然在大眾面前曝光。

實際上，在蝴蝶事件後，偶爾會出現類似論調的言論。一八九一年（明治二十四年）一月二十九日，明治美術會舉辦常會，會議主題為「出現於繪畫或雕刻的裸體，是否危害本國風俗」。在常會的議論中，曾赴英國與美國留學，也曾擔任東京大學校長職務的貴族院議員外山正一提到：「總而言之，身為畫家，如果擔心裸體畫會敗壞風俗，並且腦中浮現這樣的想法時，建議還是不要畫裸體畫比較好。作畫時心中不能有任何一絲雜念，與其擔心裸體畫所帶來的正負影響，不如專心創作，心無雜念地描繪最上等的人體畫。若無法達到此境界，要進行繪畫或雕刻的裸體創作，時候尚早。」(34) 身為畫家，在畫裸體畫的過程中，不能有一絲迷惘，也不能感到羞恥，要心無旁騖地作畫。如果無法達到這樣的境界，要畫出一幅像樣的裸體畫，時候還太早，這是外山博士的重點。這些話不僅是說給畫家聽，也可套用在鑑賞裸體畫的民眾。

然而，現實並沒有想像中來得單純。日本原本就將裸體當成日常用品來管理，當西方的風俗習慣傳至日本後，日本人不得不遮掩裸體。但是，當裸體打著藝術的名號曝露於光天化日之下，就必須找一個藉口，再度開放裸體。當眾人達成協議後，才能允許裸體出現在公眾面前。因此，當隱藏的裸體再度現身，就令人感到滑稽，並產生極為複雜且不可思議的心情，難道這就是社會徹底隱藏性的宿命嗎？或者以一般化的角度來思考，這也是腦化社會的宿命，為了維持社會秩序，進而編造出一套對個人有利的邏輯理論。

值得留意之處是，裸體畫的爭論是以新價值觀為前提而延燒，像是把公開場合露出裸體視為是猥褻或輕浮的想法。換言之，就是站在西方的觀念，將裸體視為「裸露」，也就是接受「文明化」的群眾所製造的議論。因此，人們開始探討藝術性的裸體是否合適。此議論逐漸變成社會的共識，認定藝術性的裸體並不是猥褻的，如果認同藝術性裸體畫的合理性，就是文明社會的象徵，那麼裸體畫爭論所扮演的角色，就是提高社會層級的作用。此外，在極力隱藏裸體的社會中，還有其他的方法可以對付裸體畫，那就是將裸體畫冠上頹廢藝術之名，在所有公眾場合撤除裸體畫。然而，我們選擇承認藝術性裸體的存在，也因如此，裸體為藝術或猥褻的爭論，延續至今。

還要關注的是，大眾傳播媒體透過報刊等媒體，將裸體畫的爭論傳遍日本全國各地。接收到新聞資訊的民眾，是處在身為「文明人」的前提下，若在公眾面前露出裸體是一件不道德的事情，因此社會才會衍生出爭論。換言之，如果民眾沒有意識到在公眾面前露出裸體是一件羞恥的事情時，就不會產生相關的議論。最後，民眾更為深信，在公眾面前露出裸體是輕率不禮貌的行為，也產生了更進一步探討藝術性裸體是否為猥褻的動機。因此，裸體畫的爭論也扮演了極為重要的角色，就是將日本人的裸體觀念，拉往西方文明的方向。以此為觀點來檢視黑田的《朝妝》，就會把這幅裸體畫當作是日本人邁向西方文明的踏板，更正確來說，它是用來檢查人民思想的「踏繪」才對。

另一個值得關注的地方是，報刊媒體所扮演的角色。當黑田展出《朝妝》裸體畫時，將裸體畫比喻為「醜怪」，並且擔心「會對社會風俗產生不良影響」的，並非國家權力組織，而是主導輿論風向的民間新聞媒體。我們已經見證，外國人冷淡的視線是如何撼動日本，並造成日本人開始遮掩裸體的社會趨勢。明治二十八年左右，隨著《朝妝》的展出造成社會輿論嘩然，媒體的效果已經充分發揮。無論如何，至今大眾媒體已取代國家權力，極力地遮掩裸體。或是可以這樣說，作為輿論先鋒的媒體，已經率先採取了表面的視線。

西化的裸體觀念，將裸體與羞恥心強力結合，並且將裸體在日常生活中徹底排除。由於裸體從公共浴場的混浴消失，街上也看不到民眾裸體行走，人們看到裸體的機會自然減少許多，特別是目睹異性裸體的機會，更是大幅減少。當人們隱藏裸體的情形日漸普及，被稱為「非對稱性的性興趣」現象就更為顯著，使得日本人的裸體觀念逐漸接近現代社會。

第六章 遭到多重遮掩的裸體

持續被遮掩的前方之物

禁忌的房間

在日本古早的神話或民間故事中，有許多主題，都是主角不能看到特定的人物或場所，否則會有意外的結局，日本神祇伊奘諾尊與伊奘冉尊的故事，就是最典型的例子。伊奘冉尊原本警告伊奘諾尊：「不要看望我。」[1]但伊奘諾尊沒有聽從伊奘冉尊的話，看了伊奘冉尊一眼，結果兩人從此分離。此外，日本的民間故事中，也有男女之間約定好「不得觀看那個房間」的約定，但主角卻打破了約定，也就是「禁忌的房間」故事，像是《白鶴報恩》、《黃鶯之居》都是類似的故事。與「禁忌的房間」民間故事的共通之處，都是女性設下禁忌，男性皆為觸犯禁忌者；當男性觸犯禁忌後，大多數的情況，女性會變身回白鶴、黃鶯，或是白鷺鷥等動物，飛離現場[2]。

民間故事「禁忌的房間」，讓我們重新認識到常見的「越是隱密的事物，更能引發好奇心」的經驗法則，這似乎是人的天性。在前一章提到的裸體畫圍上腰卷事件，並不是神話或民間故事，而是發生於真實世界的「禁忌的房間」。不！更應該這麼說，被明治政府強制隱藏的裸體，就是「禁忌的房間」。如果這個假設正確，就如同神話或民間故事的內容，人們會想要偷看被遮掩的裸體，不久之後終於觸犯禁忌。從明治時代到現代，日本人的裸體變遷，就像是神話或民間故事，有相同的情節。

再舉一個例子，曾擔任總理大臣的西園寺公望，來到發生裸體畫圍上腰卷事件的第六屆白馬會展參觀。當西園寺站在畫作前方時，不知道是不是展方要對達官顯要表達的敬意，他們拿下了原本包住畫作下方的布，讓畫作得以公開的真實面貌。這時候，西園寺說：「原本不會特地在意的細節，但經過刻意遮掩後，反而更引人注目了呢！」(3)從話中的語氣，能感受到西園寺應當是帶有失望的表情，而說了這些話。他曾長年待在國外，相信看過許多類似的藝術作品，才會有如此的發言。

誠如西園寺的顧慮，各位可以參考下一頁的插圖（圖6-1）。這是一九〇七年（明治四十年）三月三十一日《讀賣新聞》所刊登的諷刺畫，用來揶揄藝術展覽。此諷刺畫附帶以下的文字說明：「在幾年前的展覽中，裸體畫被圍上腰卷；今年的美術館展覽，則是將藝術品蓋上油紙。」上述文字的語調，很明顯是在嘲諷用布等物品遮掩裸體畫或雕刻等欲蓋彌彰的行為。插畫的右邊，有一位撐著西式雨傘的男性，

圖 6-1　觀看裸體雕刻的群眾

左邊的男性則撐著日式雨傘，他們都對著雕刻張口大笑。

要特別留意的是畫面中央的兩人，上了年紀的大叔稍微掀開蓋住雕刻的油紙下緣，看著雕刻內部，可以想像應該是裸體的雕像，男性的竊笑與下流的表情，令人印象深刻。雖然無法辨識左邊婦人的表情，但她比旁邊的中年大叔更為大膽，直接從下往上窺探雕刻，也許是專注地看到忘我，整個人感覺瞬間凍結。畫面中間的兩人，似乎都不在意現場的雨勢，這張諷刺畫十分貼切地表現出想要窺探隱藏事物的人類習性。

性好奇心的非對稱性

若看到真人的裸體，人們一定會有同樣的窺探現象。如同之前解說的，日本人將裸體當成臉部的延伸，因此要將日常用品化的裸體與性連結，是非常困難的事情。然而，當裸體被完全隱藏後，人們就會產生「想要窺探裸體」的慾望。因此，被隱藏的裸體，會與人類肉體既有的性相互連結。另一方面，遮掩裸體的人，當他們認為遮掩裸體是身為人的基本常識後，就會羞於在他人面前露出裸體。這種感情，就是所謂的羞恥心。換言之，遮掩裸體的結果，就會誕生出擁有西方人羞恥觀念的人類。

在第三章提到，法國思想家布洛涅，對於羞恥心的定義為：「在進行或思考性行為，或是目睹與性相關的事物時，會感到羞愧、困惑的感情。」此外，英國性心理學家艾利斯（Henry Havelock Ellis）對於羞恥心的定義為：「相對於一般性事物，會做出隱藏特定的行為，屬於本能性的不安或恐懼的心理。」他認為羞恥心為「男女兩性共通的現象，但女性所抱持的羞恥心更為顯著。」此外，艾利斯以下的論述，值得關注。他說：「對於一般男性而言，欠缺這類恐懼心理的女性，會被男性認為缺少性魅力。」(4) 艾利斯所提到的「恐懼的心理」，指的當然是羞恥心。換言之，艾利斯認為，欠缺羞恥心的女性，便缺少性魅力。本書圖3-5中，正在浴場吵架的女性，很明顯就是缺乏羞恥心的類型，對她們而言裸體只不過是日常用品，要從她們的裸體中感受到性魅力，是較為困難的事情。

若艾利斯的論點無誤，明治政府禁止民眾在街上裸露後，也就會產生預料之外的結果。也就是說，遮蔽裸體能提高女性的性魅力，換個角度思考，這代表明治政府鎮壓裸體，從中讓日本女性更具性感魅力。當然，明治政府沒有發現此舉所帶來的副作用。

女性增加了性感魅力，那麼日本男性變得如何呢？如同艾利斯所論述，羞恥心為男女共通的心理，但以女性所抱持的羞恥心更為顯著，因此即使遮住了裸體，男性的性魅力並不如女性強烈。換言之，男性遮掩裸體，對於喚起女性對於性的興趣，較為薄弱。不過，當女性遮掩裸體並突然提升性魅力時，男性對於女性的性興趣也會隨之提升。若引用經濟學的用語，男高女低的性興趣，便產生「非對稱性」現象，這就是前一章最後所提到的「非對稱性的性興趣」。通常，我們會認為一般男性擁有的性興趣，就是性愛，但其實背後隱藏著非對稱性。受到非對稱性的影響，男性的性興趣，會被女性所隱藏的裸體強力牽引。

因此，如同外國男性充滿好奇心的眼神，會讓江戶時代的女性自然地遮掩裸體；男性具有毫無掩飾的好奇心，會讓女性更嚴密地遮掩裸體。最後，女性會逐漸具備性感的魅力，而且此現象不限於特定女性，也包含一般的女性。

如同愛爾貝號運輸艦艦長維爾納所提到：「對於謹言慎行或羞恥心，他們是抱持著不同的觀念。他們只是露骨地看待，這些隱藏於我們的習慣之下的自然行為，我們不應該將之視為罪惡。」維爾納的觀察十分正確。然而，西方的羞恥心仍改變了日本人的觀念。

此外，我們可以回想吉美的這番話：「我要嚴正說明，羞恥心是壞習慣之一。日本人並沒有壞習慣，只是我們將壞習慣強加在他們身上。」筆者並未就此斷定羞恥心是壞習慣，但如同吉美所述，西方的複眼將羞恥心強加於日本人身上，至於明治新政府與報社，都扮演推波助瀾的角色。

預料之中發生的暴牙龜事件

因此，到了明治時代中期，女性將身體越包越緊。在此變遷下，當性興趣的非對稱性逐漸發展，為了滿足男性的慾望，社會自然而然產生了各種型態的性風俗產業，而且性犯罪也層出不窮。其中要舉出的是「暴牙龜事件」，這可說是代表性興趣非對稱性發展的性犯罪例子。

這是發生在一九〇八年（明治四十一年）三月二十二日的殺人事件，受害者名叫幸田媛子，她住在大久保，是下谷電話局長幸田恭的妻子。幸田媛子在案發當天，前往位於五十四番地的森山錢湯入浴，但過了晚上十點遲遲沒有回家，家人詢問錢湯老闆，老闆表示幸田在一個小時前就已經離開。家人向派出所報案，希望警察能協尋，並且在錢湯附近詢問居民，看能否找出幸田的下落。最後，在距離錢湯西南方約二十公尺的空地，發現幸田的屍體，她嘴裡被塞一塊手巾(5)。

經過警方調查，最後認定園藝師傅兼高空作業員的池田龜太郎為本案的犯人，並逮捕了他。由於池田平日就有偷窺錢湯的習慣，根據他的自白，他在案發當天也有偷窺女湯，並盯上幸田恭的妻子，也就是幸田媛子。池田等待幸田媛子離開錢湯後，一路尾隨幸田，在半路上姦殺了幸田。然而，池田在公審時否認犯行，並強調他是被警方嚴刑拷打逼供，因此池田龜太郎是否為姦殺案的兇手，目前已無從知曉。最後池田被判了無期徒刑，由於他的長相特徵是一口暴牙，發生此事件後，人們便將偷窺狂稱為「暴牙龜」（出歯亀）。

從當時的《錦繪新聞》能看出，明治初期經常發生重大殺人事件，但當時的殺人事件，大多都是起因於男女之間的情愛糾葛。相較之下，暴牙龜事件是首度由偷窺狂所犯下的案件，也是前所未見的特殊案件。由於牽涉到人命，其特殊性更遭擴大。其中值得留意的是，偷窺狂犯下殺人罪行，代表原本將裸體當成日常用品的社會，已經轉變為徹底隱藏裸體的社會。如同前述，當人們徹底遮掩裸體後，造成性興趣的非對稱性發展，因性興趣的非對稱性過度發展後，社會上就會出現無法克制自身慾望的人。

池田龜太郎有位名叫鈴的老婆，以及名叫阿久的女兒，據說他跟老婆之間感情平淡，平常都跟男性好友同住在狹窄的屋子裡(6)。這顯現出日常化的妻子，並無法發揮性興趣的非對稱性作用。然而，隱藏在表面背後的真相剛好相反，龜太郎擁有旺盛的性慾，或許為了發洩性慾，才會經常做出偷窺的行為，最後犯下殺人案件。換言之，遮掩裸體的社會，在某些層面會導致類似的犯罪行為。

偷窺錢湯的事件，在江戶時代原本就有。之前提到過，江戶的公共浴場為兩層式建築，二樓為浴客休憩的場所，由女服務生供應茶點，客人僅限男性（參考圖1-9「江戶浴場平面圖」，可看到只有男湯處設有通往二樓的樓梯「二楷梯子」字樣）。據說某些浴場會將榻榻米地板挖空，讓男客人透過縫隙偷窺女湯(7)。此外，還有浴場會提供租借望遠鏡的服務。還有，因為水桶是男女共用，所以也有些粗俗的男性會假裝要拿水桶來漱口趁機偷窺女湯。事實上在江戶時代，男性偷窺的行為，就可以用「禁忌的房間」來比喻。如同前述，像是自家沒有浴池的富商，他們的妻子通常都是前往女湯入浴，而不是去混浴的公共浴場。因此，這些女性的裸體並非單純的裸體，而是因為刻意遮掩的緣故，會讓人想要窺探。結果，「裸體」變成「裸露」，變成男性偷窺與性興趣的對象。

在早期的日本社會，即使是半開玩笑地偷窺女湯，眾人對於這類行為都採寬容的態度，至少在明治時代前半期都是如此，可說是無所顧忌。各位可以回想前一章經師屋的工匠「阿春」，透過浴場的隔板偷窺女湯，並用言語調侃火事師之女「阿秋」的故事。那個「奇妙的時代」，大約是在明治十八年左右。然而，到了嚴禁男女混浴和不能公然裸體的時代，當女性開始遮掩後，從中提高性魅力，使得男性產生想要偷窺女性裸體的慾望，非對稱性的性興趣極為強烈。無論「暴牙龜事件」的審判是否合宜，當這類事件成為世人的話題時，也證明該時代的性興趣之非對稱性，變得極為龐大。結果就是暴牙龜事件，在預料之中發生了。

極力隱藏裸體的男性，採開放態度的女性

到了大正時代，社會並未放鬆對於裸體的鎮壓，而且竟是由男性擔任鎮壓行列的先鋒。這群「男性」就跟幕末時代的西方人相同，對於裸體抱持「冷淡的視線」，但又具備「熱情的目光」；在論述裸體觀念的變遷時，千萬不能忘記這點。相較之下，女性在社會鎮壓裸體的氣氛中，對於裸體的態度開始產生微妙變化。以下要先

介紹「女學生露大腿事件」，這是當時社會鎮壓裸體的案例。

雖然稱為事件，但其實是筆者擅自命名，從現代的角度來看，其實是微不足道的小事。一九二四年（大正十三年）十月三十日至十一月三日的五天期間，在剛落成的明治神宮外苑競技場，舉行第一屆明治神宮競技大會，有許多露出大腿的女學生參加。日本文部省以「不是女生應有的風俗習慣」之理由，向各地女校發布嚴格取締的訓示，日後造成廣大爭議。以下為文部省的聲明：「我們十分樂見運動風氣的盛行，但如果忘記運動競技的精神，並且產生偏差行為，是一件遺憾的事情。近日於明治神宮舉辦競技大會，看見年輕女子露出大腿跑步的姿態，令人無法苟同。總而言之，近年來的女子競技樣貌多變，並產生各種弊病，但如果現在禁止舉辦競技，將會澆熄好不容易燃起的運動熱潮。因此我們不會禁止舉辦競技大會，而是向各級學校發布訓示，對於各類行為希望各校能嚴加自律。」(8)

《讀賣新聞》刊登了以上的報導，之後又刊登標題為「有關於女子競技的服裝，只要是個人穿習慣的服裝，就沒有太大問題」的新聞，引述了女學生代表人見絹枝選手的談話內容（圖6-2）；報導的標題寫成「絹代」，但正確的名字為絹枝。

圖 6-2　女學生露大腿事件的新聞報導

人見選手在一九二八年（昭和三年）參加阿姆斯特丹奧運，並獲得女子八百公尺跳遠銀牌。她說：「從以前到現在，我認為服裝首重身體活動的便利性，不用拘泥在中性或女性的服裝。尤其是競技運動，運動選手只在乎能否突破最佳紀錄，因此會盡量避免穿著會阻礙活動的服裝，所以服裝最後就跟男子的沒有太大區別。如果穿上過於寬鬆的短褲跳遠時，即使身體跳高，褲子還是有可能會弄掉桿子。看看國外運動會的照片，男子與女子的穿著似乎沒有太大差異，所以我認為只要是個人穿習慣的服裝，就沒有太大問題。」(9)

此外，《東京朝日新聞》刊登以下報導：「文部省官員似乎正在思考『如何讓

圖 6-3　大方以泳裝姿態見人的女性登場

1　哇……這位女生的泳裝還貼有價格標籤啊！
2　二元五十錢嗎？是在夜市買的吧！
3　她在賣什麼東西？價格標籤上寫著二元五十錢。
4　（自戀的女性）他們好吵喔！就是說啊……人長得漂亮也是一種困擾。

女性參加運動競技時不露出大腿』的方法，這種人並不在乎運動精神，只留意女性的腿，他們沒有入場的資格。」[10]報社記者高明地指出，處於文部省官員「冷淡的視線」背後的「熱情的目光」。

由此可看出，在日常社會中，許多人嚴格限制女性露出大腿。至於女性，則開始意識到，原本被隱藏的裸體具有極高的價值，並出現女性積極利用自身優勢的情形；各位可以參照圖6-3。

這是一九二六年（大正十五年）七月一日號《漫畫雜誌》刊登的漫畫，描繪一般女性意識到男性熱情目光的景象，但漫畫的結局反映出女性過於強烈的自我意識，充滿詼諧性。在大正末期，一般女性已能意會到男性的目光，並存在著積極利用自身優勢的意識。早期在戶外沖澡的美女逐漸消失，接著出現穿著泳衣進行海水浴的女性，再來是極度隱藏泳衣穿著的女性，最後是積極秀出泳衣穿著的女性；另一方面，則是擔心女性露出大腿的男性。由此可見，日本人的裸體觀念更為複雜。

不穿內褲的女性

在「禁忌的房間」故事裡，當男性違背約定想要一探究竟時，女性便化身為黃鶯，飛離現場。在現實社會中，若男性想要偷窺遮掩的裸體，女性就會更嚴密地遮掩裸體。這是當女性開始穿上內褲後，就會想要再遮掩內褲的現實。

從前的日本人，並沒有穿內褲的習慣，更何況是穿胸罩。當時男性的標準穿著是褌，女性是腰卷，但女性即使穿上腰卷，在某些場合下還是會被別人看光光。一八九五年（明治二十八年）出版的《Shocking au Japon》中，法國畫家比戈提到：「各位不妨在颳強風的日子外出散步，這時候就會在日出帝國看到『昇月』景觀，各位應該懂我的意思。」根據清水勳的解釋，在法文俚語中，月亮就是指「臀部」的意思(11)。比戈所指的就是，在風大的日子走在街上，日本女性的臀部看得一清二楚。女性不穿內褲的習慣持續很長的時間，在中間的過渡期，曾經流行穿「都腰卷」；都腰卷是用毛線編織成的筒狀貼身裙，與一般的腰卷不同之處，在於前方沒有開口，因此比較接近穿上的感覺，而非纏繞、綁起來，近似於裙子，屬於日式與西式合璧的內褲。

過了明治時期，在一九一九年（大正八年）五月，可見御茶之水附屬女學校強制要求全體學生穿上襯褲（下穿／drawers）的報導。新聞寫道：「女學校開始推廣穿襯褲運動，開創先例。」提倡穿襯褲的教師指出：「英法德等西方國家，女性幾乎都有穿襯褲，但鄉下的普及率比都市來得低。（中略）由於襯褲就是文明社會的代表，本校從四月開始盡早實施穿襯褲運動。」[12]

女學校的作為，反映出校方醉心於歐洲各國高度文化的事實，並加以仿效，就跟過往明治政府所實行的裸體鎮壓政策相同。唯一的不同，只有實施主體為政府或學校的差異。然而，據說有百分之九十的女學生從女校畢業後，就回歸到 No Draw 的生活[13]。No Draw 就是 No Drawers，也就是不穿襯褲，是當時廣泛使用的詞語之一。就像是現代人常說的 No Pants，可說是衍生用語。

天災是造成內褲普及的原因之一，例如一九二三年（大正十二年）發生的關東大地震，當時在關東發生芮氏規模七．九級大地震，造成約十五萬間民宅焚毀，約十四萬人死傷及失蹤。地震發生後，日本女性深深有感，身穿和服不僅造成逃生上的不便，而且會因此露出身體，顯得相當狼狽，因此許多人開始提倡女性穿著西式服裝，並強烈主張在和服的內層，應穿上內褲。

日本公家機關也開始認識到穿著內褲的重要性，由「生活改善同盟會」開創先河，該組織是在文部省的贊助下所設立，其成立目的為強化日本人食衣住行或社交禮儀等改善生活層面。

圖6-4為生活改善同盟會製作的宣傳海報，上頭寫道：像是「發生地震時、洗衣服時、颱大風之日、防止色狼及保護貞操、走在上面時、搭乘電車時」，列舉出在以上的場合，如果沒有穿上內褲，就會發生令人害羞的情形。明治政府曾立法禁止人民裸體，但對於穿內褲這件事情，並無法用法律來規範。女性雖然沒有穿上內褲，但至少開始遮掩裸體了，至於如果因為沒穿內褲而遭問罪，似乎過於嚴苛。不過，當時的日本依舊存在像是比戈等外國人的視線，因此政府才會設立相關團體，實行穿著內褲運動，也許這幅宣傳海報就是當時用來提倡穿內褲運動的方式之一。

因此，雖然政府相關團體與新聞媒體提倡民眾穿上內褲，但大部分的女性並沒有照做。針對內褲不受女性歡迎的理由，風俗史家青木英夫指出：「襯褲與腰卷等內衣的性質不同，由於是緊貼肌膚，對於以往習慣身穿和服的女性來說，是未曾有

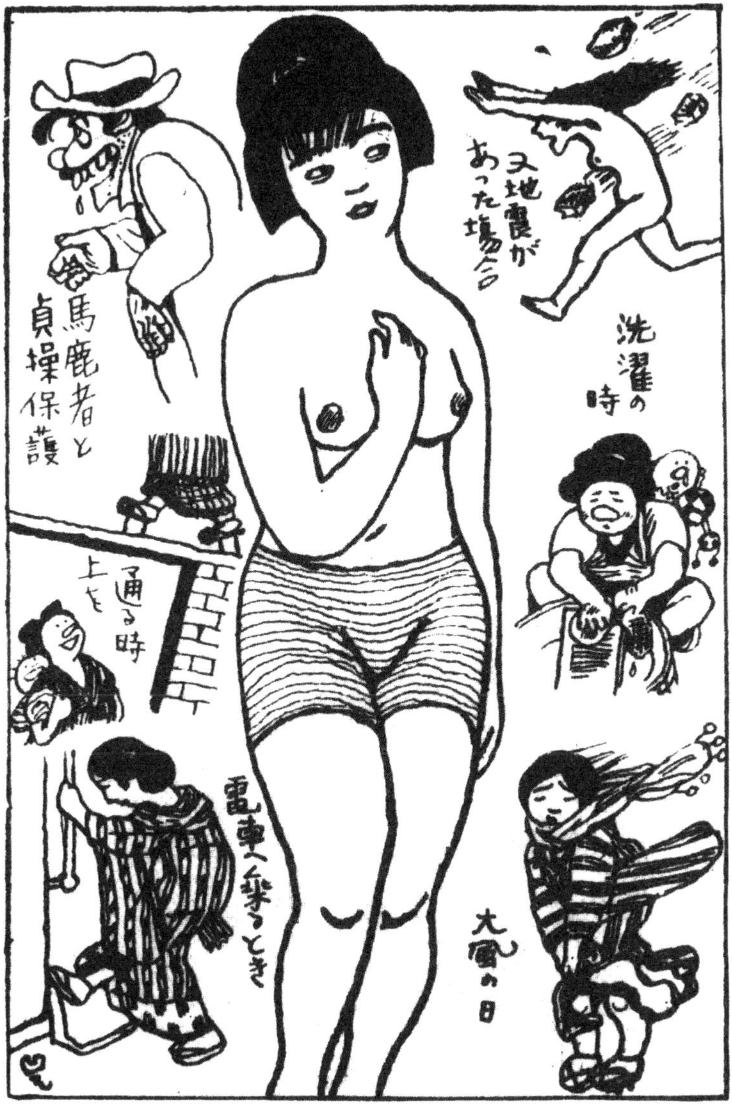

圖 6-4　日本全國的婦人，穿上內褲吧！

過的體驗。而且襯褲只是用來保護局部身體，對於女性而言一定會有所抗拒。」(14)

女性也有相同的意見，鴨居羊子在一九五〇年代從新聞記者轉型為內衣設計師，其研發的商品廣受歡迎。她提到：「因發生關東大地震，日本開始有人提倡在和服裡面穿上襯褲，但多數女性並沒有因此穿上襯褲。這是因為襯褲與腰卷不同，是緊貼著身體跨下、臀部、大腿等部位，會產生特殊的刺激感，讓人感到不知所措。女性並不了解穿上襯褲，是為了保護身體的局部部位，反而感覺是在冒犯私密部位，因此羞於身穿襯褲。」(15) 換言之，不僅是穿上襯褲的體感，穿上襯褲的行為，還會造成道德上的自卑感。以上為女性發自內心的想法，因此更有說服力。

露出內褲的女性

然而，女性所處的環境開始產生極大轉變。第一，是投入職場的女性增加，包括女車長、女工、護士、服裝展示模特兒等，也就是職業婦女的增加。因此女性因工作所需，開始穿上制服，所以西式服裝開始普及。西式服裝的普及化，特徵在於「第一次世界大戰後，女性的裙子突然變短。」(16) 雖然不是由之前提到的生活改善同盟會所倡導，但由於女性在公開場合遇到尷尬的情形增多，有其他單位也開始思考因應對策，以避免產生令人害羞的場面。這也是讓女性開始穿上襯褲的主因之一。

從一九二九年（昭和四年）開始，Revue歌舞秀風靡一世，這是舞者站在舞台上面對觀眾，連續上下踢腿的歌舞形式。日本的Revue歌舞秀之祖，是喜劇演員榎本健一（榎健）所屬的淺草劇團Casino Folie。Casino Folie的成員，包括擅長表演Revue的舞者，以及喜劇演員。川端康成的長篇小說《淺草紅團》，描述Revue歌舞舞者的故事，從前年十二月開始於《東京朝日新聞晚報》連載，使得Revue一躍成為日本大受歡迎的表演。附帶一提，在這個時期開始，日本投入關東大地震後的復甦重建，萌生昭和現代文化，Revue可說是其中的象徵。

廣受歡迎的Revue歌舞秀，似乎對於女性穿著內褲的觀念產生間接影響。男性所憧憬的是，大方穿上襯褲的Revue舞者；對於女性而言，穿上襯褲是成為如同舞者般迷人女性的條件之一，這也是讓世間的女性開始穿上內褲的一大主因。

事實上，到了一九三〇年（昭和五年）左右，襯褲逐漸獲得市民權。該年《獵奇畫報》九月號，刊登了黑澤初的漫畫，裡頭描繪男子偷走晾在戶外的襯褲（圖

圖 6-5　內褲小偷

6-5）。男子以為那是年輕女性的襯褲，但其實是老媽的，漫畫內容充滿趣味性。對此風俗史家高橋鐵指出：「從漫畫內容可看出，近年來有許多中年女性也開始穿上襯褲。」(17)

此外，接下來要介紹的是推理小說家，同時獲譽為日本科幻小說始祖的海野十三，他在一九三一年（昭和六年）發表小說《省線電車上的射擊手》，以下是當中的內容。

有一位「十七、八歲的美少女」坐在電車裡打瞌睡，但電車突然劇烈搖晃，少女砰地一聲倒在地上，當時發生了趣事。「旁人以為少女真的睡著了，接著稍不留神地摔倒。少女的洋裝被掀起來而走光，乘客可以隱約看到純白的襯褲，眾人對於這雙白皙的大腿投以灼熱的目光，並滿心期待地想像，當少女爬起來時，會露出多大魅力的羞恥面容。然而，少女辜負眾人的期待，她遲遲沒有爬起來，而是倒在地上動也不動。」(18)後來一名乘客抱起少女，發現少女的衣服滲出鮮血。故事的後續發展可參考該部小說，總之小說裡的少女身穿洋裝，由於摔倒時裙擺掀起，於是露出純白色的襯褲。

此外，在昭和初期的報紙家庭專欄中，經常出現有關於襯褲的話題。像是昭和三年的「如何在家中製作簡易的襯褲？」[19]、昭和四年的「女兒洋裝裡頭的襯衫與襯褲」[20]、昭和五年的「不會讓腰部受寒的純棉襯褲，可廢物利用製作出簡易的襯褲」[21]等，這些文章都是提倡穿上襯褲的好處，以及裁縫襯褲的方法。

因此，進入昭和時代，大約過了五年的時間，身穿襯褲的女性逐漸增加。當然不是過了一個晚上，日本全國的女性都開始穿上襯褲。例如之前提到的海水浴，有露出胸部游泳的女性，也有身穿泳裝但羞於見人的女性，從穿上襯褲的現象來看，昭和初期可說是新舊價值觀相互拉扯的時代。

被藏得更緊的裸體

新舊價值觀的拉扯依舊持續著，一九三二年（昭和七年）十二月十六日，東京日本橋的白木屋百貨店發生火災，也讓日本人開始養成穿上內褲的基本觀念。當時白木屋的火災，造成十四人死亡，約一百三十人輕重傷，是日本百貨史上的第一件重大災害。根據當時媒體報導，這場火災釀成重大傷亡事故的原因，與女性沒有穿上內褲有關。

火災發生當時，店員和顧客在慌亂中逃生，拉著繩索和安全帶沿著大樓外牆脫困，但現場的女性大多身穿和服，裡頭沒有穿內褲，大樓下方有許多圍觀群眾，紛紛抬頭往上看。只要和服被掀起來，下半身就會被群眾看光光，因此女性被迫用單手按住和服裙擺，因此有人直接墜落而死。自從白木屋發生火災後，有許多女性才發現到，用來遮掩下半身的內褲是不可或缺的貼身衣物，穿上內褲的女性逐漸增多。

很多人認為，是白木屋的火災，讓原本不願穿上內褲的日本女性開始穿上內褲。不過，青木英夫及同樣身為風俗史家的井上章一，對於白木屋火災讓日本女性開始穿上內褲的說法，採否定的立場。青木表示：「自從白木屋發生火災後，穿上襯褲的女性增加了，但也只有增加百分之一左右。」[22]青木指出，從白木屋火災的十年後，大約到了一九四〇年代初期，也就是昭和十幾年中期，日本女性才開始對於穿上內褲有更普遍的認知[23]。另一方面，井上章一指出，襯褲在早期比較像是用來保護貞操的道具，而非遮掩性器官，因此日本女性大多將它當作是「貞操帶的一種」[24]。直到一九三〇年後期（昭和十年以後），日本女性才逐漸養成穿上內褲的習慣。

無論如何，在白木屋發生火災的當時，有穿襯褲的女性並不多，根據青木與井上教授的論點，在一九三〇年代後期到四〇年代初期，內褲才逐漸普及化。換言之，簡單來說，一九三〇年代，女性對於內褲可說是新舊價值觀對立的時代。

另外要留意的是，同為井上所提出的論點：「日本女性並非是羞於露出陰部而開始穿上內褲，是她們在穿上內褲後，產生更強烈的羞恥心。她們從用來遮掩陰部的內褲，感受到前所未見的羞恥心。」此外，「當性器官被他人看見所產生羞恥心，也更為強烈。」(25) 先前鴨居羊子曾提到，日本女性覺得穿上內褲是冒犯私密部位，於是對於穿內褲抱持消極的態度。然而，當女性穿上內褲後，跨越無形的界線，就會實際感受到內褲冒犯私密部位。當感覺到自身的私密部位被冒犯後，便會感受到「前所未見的羞恥心」，這是理所當然的反應。

穿上內褲是為了遮蔽外人的視線，無論對方是否下意識想看，原則上是禁止他人窺探，這就是發生於現實世界「禁忌的房間」的故事。至於設下禁忌的本人，當自身的私密部位被他人看見，就會感到莫大的羞恥心。由此可見，井上的確忠實地描述女性開始穿上內褲後的真實情形。

從胸部開始萌生的羞恥心

時間順序重新顛倒一下。在一九二九年（昭和四年）左右，松岡商店的老闆松岡錠一，因為友人建議他說：「這些產品在那裡賣得很好。」於是開始製造胸罩與束腹。「那裡」指的當然是美國，這也是日本最早的國產胸罩與束腹(26)。胸罩在當時被稱為壓奶或奶罩，比內褲更不普及。此外，對於日本人而言，胸部是比下半身更不具羞恥心的部位。就像是前一章拉古薩玉所描繪的女傭，過去的日本女性都習慣裸露上半身，各位可以回想日本人打赤膊工作的情景，也許是胸部過於日常化的原因，出現於浮世繪上的女性胸部，幾乎都被省略細節，並沒有人將胸部視為特別的對象。因此，當時會穿胸罩的只有「從國外歸國的婦人及演員」，或是「皇室」和其製造、訂購商(27)。當然，這也跟日本人大多身穿和服有關，當時的日本女性對於胸部的羞恥心，與現代人的觀念完全不同。

大約在第二次世界大戰後，胸罩才日漸受到世人關注，當時就跟明治維新時期一樣，西方文化大量傳入日本，日本女性大舉吸收西方的時尚觀念。為了跟上時尚潮流，洋裝的內衣褲是不可或缺的配件，當然胸罩也是其中之一。因此，胸罩不再是用來遮掩胸部的物品，而是作為時尚的一部分開始獲日本女性所接受，其中的過程值得注意。

原本，女性遮掩裸體是為了迴避外國人充滿好奇心的目光，之後明治政府發布裸體禁止令，強制遮掩了裸體。再來，女性開始穿上內褲，是因為在日常生活中會不小心露出下體的關係。無論如何，外在的因素讓女性選擇遮掩裸體，女性隨時處於被動的角色。不過，當胸罩問世後，日本女性穿上胸罩的原因，大多都是想讓自己變得更美麗，因此其動機從被動轉為主動。女性自主性地做出選擇，穿上胸罩遮掩胸部。

一九五六年（昭和三十一年）八月十二日號的《SUNDAY 每日》週刊，刊登名為「脫下銀座女子的外衣」的報導。記者實地來到東京的T溫泉採訪，並彙整出女性穿著內衣的相關資料。根據調查指出，每一百位女性中，有二十九人有穿胸罩，占全部人數的三分之一比例。此外，記者還提到：「沒想到年輕女性有穿胸罩的比例不高，也許是她們對於自己的上圍有一定程度的自信吧！」(28) 如同記者提到的，胸罩只是用來凸顯曲線美的工具。根據上述的調查，胸罩大約在一九五〇年代後期才在女性之間加以普及。

然而，當女性穿上胸罩後，不僅變得更為美麗，還能產生附加效果。如果套用前面井上章一的論述，就能衍生出「穿上胸罩後，女性對於胸部產生更為強烈的羞恥心」論點。因此，以往被視為羞恥心對象之外的胸部，產生本質上的變化。在昭和三十年代隨處可見的女性街頭哺乳風景，也轉移到隱密的哺乳室。現在只要透過網路搜尋「哺乳室」，就能找出車站附近的哺乳室地圖。伴隨此非對稱效果，男性想要窺探女性胸部的慾望更為強烈。

成為他人欣賞對象的內衣褲

女性穿上內褲後，如果開始感到強烈的羞恥心，代表男女性興趣的非對稱性會持續發展。男性受到極大的刺激，想要窺探女性的裸體，也就是想探索「禁忌的房間」的話，那麼用來遮掩禁忌房間的內褲，也吸引男性的注意力。

可以回想前述海野十三的小說內容，乘客的視線都聚焦於美少女「純白的襯褲」與「白皙的大腿」，乘客對於在眾人面前走光的少女，期待著她會產生哪些害羞的反應。十分明顯地，純白的襯褲就跟白皙的大腿相同，都變成性興趣的對象。刊登在《獵奇畫報》的黑澤初漫畫，也是同樣的情形，小偷對於晾在戶外的襯褲產生極大的興趣，進而做出偷竊的行為。

此外，之前提過廣受歡迎的Revue歌舞秀，舞者張開雙腿的姿態受到觀眾的喜愛，後來Revue歌舞秀的舞蹈越來越大膽，終於引來警察的關切。一九三〇年（昭和五年），政府制定《色情演藝取締規範》，對於戲劇或娛樂表演的舞蹈或服裝等訂出規範，其中包括「禁止身穿未滿二寸之襯褲或肉色內褲。」[29]由此可見短襯褲會引發男性對於性的莫大興趣。另外，新聞報導指出，一九三二年（昭和七年）在淺草的Revue歌舞秀劇場，曾有舞者的襯褲被偷[30]，這都是男性對於內衣褲產生極大興趣的證據。

從以上的例子來看，在身穿內褲普及前的一九三〇年（昭和五年）左右，用來遮掩裸體的內衣褲，已經成為男性性興趣的對象。如同在前面單元解說的，性興趣的非對稱性，讓女性徹底遮掩裸體，因此內衣褲也是同樣的情況。

原本女性對於內褲走光，並不會感到特別羞恥。風俗史家高橋鐵提到：「近年來看到『淑女』坐在椅子上的姿態，跟男生一樣會張開雙腿的變多了，宛如在強調男女平權。包括連身內衣、大腿、襯褲等，都看得一清二楚。」他還分析說：「在二戰時期，也許是穿上寬腰工作褲或長褲的關係，或是『已經穿上兩層襯褲，不用擔心』的心理……但有的女性卻往往會不小心露出那裡，的確是有特殊的暴露症。」[31]高橋的這篇文章，刊登在一九五〇年（昭和二十五年）出版的《裸體美學》上，即使戰後過了五年，還是有類似的情況。

不過，當男性熱情的目光，都投注在無防備的內衣褲上，並產生性興趣，這就跟外國人突然闖入公共浴場，將充滿好奇心的目光投注在裸體上，是同樣的情形。面對熱情的目光，女性該如何應對呢？為了防止裸體被外國人毫無顧慮的目光緊盯，只好穿上內衣褲來遮掩，這是相當自然的過程。當裸體被內衣褲遮掩後，男性的性興趣便與內衣褲強烈連結。

作為吸引手段的女性內衣褲

內衣褲不僅是用來遮掩裸體的服裝，開始有女性主張，要多加利用內衣褲來吸引男性的性興趣，這位女性就是前面介紹的內衣設計師鴨居羊子。鴨居在一九五八年（昭和三十三年）出版的著作《內衣文化論》提到，以往的女性內衣褲為「滿足男性慾望而製成的服裝」(32)，用來矯正身形的束腹就是其中的代表。然而，現在女性的地位與封建時期的女性不同，女性得從男權至上的思想中獲得解放，女性必須具備豐富的教養，並兼具身為女性的無窮魅力，這是鴨居的觀點。為了實現理想，「讓女性穿上內衣褲並擁有近代的內衣觀念」，是不可或缺的要素。

例如，鴨居認為女性應當徹底捨棄內衣褲只能白色的既定觀念，並鼓起勇氣穿上色彩鮮豔擁有大膽設計的內衣褲，積極地利用內衣褲作為吸引男性的手段。「女性適度地遮掩內衣褲，時而稍微露出來，透過『恰到好處地遮掩與露出』，呈現美麗的平衡感。所謂的遮掩，不是要防止他人看到身體或內衣褲，而是要彰顯女性的優勢。內衣褲就是含有如此精粹且巧妙的作用。」

在第二次世界大戰結束的十幾年後，終於出現了以上的建言。當然，當時並不是所有的女性都被鴨居的話語所打動，但現代多數的女性，在無意識中應該都有實踐她的主張。如今在日本街頭，經常都會看到坐著的女性，有不小心走光的畫面。

先前提到戰後的女性，對於被別人看到內褲這件事，並沒有太大的反應；相較之下，現代女性因走光而產生的羞恥心，根本無法與戰後的女性相提並論。然而，在女性之間會流行露出內衣褲的行為，但她們只露出部分，而非全部。這就是以遮掩為前提下，採取露出部分內衣褲的方式來控制男性熱情的目光的行為。鴨居提到：「如果能正大光明地發揮身體的魅力，女性就會發現到，要對抗異性的優勢地位，不是憑藉頭腦知識，而是利用自身的肉體，因此會藉由內衣褲尋求有效手段。如果有女性說：『我才不會這樣做。』根本就是偽善。」我想現代的女性，已經完全體現鴨居羊子在五十年前所提出的主張。

遭到多重結構遮掩的裸體

即便如此，女性適度遮掩內衣褲，又不時露出一部分時，首次形成內衣褲是用來遮掩裸體的社會共識。因此，女性露出部分內衣褲的行為，也是因為現代社會為遮掩內衣褲的社會，才能成立。當女性養成遮掩內衣褲的習慣後，便開始層層包住裸體。

最早的起因是幕末時代，來日外國人的「真實的目光」；受到外國人的影響，日本女性開始遮掩裸體。此外，由於明治政府顧慮到外國人「表面的視線」，嚴格禁止混浴與裸體上街。於是，女性的裸體受到雙重約束，再加上日後身穿內褲的習慣，女性的裸體被三重遮掩。另外，原本為性對象之外的胸部也被衣物遮住，裸體成為四重遮掩的結構。最後，是連內衣褲都要加以掩飾的日常習慣。女性的裸體由外到內，被五重結構遮掩，此五重結構延續至今。

女性開始遮掩裸體後，對於男性也造成極大的影響，不光只有影響到性興趣的非對稱性。當女性加強遮掩自身的裸體後，她們對於無禮地露出裸體的男性開始感到厭惡，因而更加嚴密地包住自身的裸體。原本毫無敏銳度的男性，不久之後也開始在意女性的視線。因此，除了法令的規範，男性也逐漸自發性地遮掩裸體或內衣褲。由於一般男性不會去遮掩胸部，如果對象換成男性的話，其裸體應為四重遮掩結構。在現代社會可看到許多注重打扮男性，或所謂的「腰卷男性」，其實都是必然的結果。

現代人已經習慣、接受自身裸體被四重或五重結構遮掩，在一般的公共浴場看到異性的裸體時，相信任何人都會產生同樣的反應。在此背景下，當我們看到海涅的〈下田公共浴場圖〉，會感到莫名的差異性與突兀感，此舉不足為奇。

在街上沐浴的美少女，早已成為神話。

在現代社會，過往的裸體觀念已成為神話，現代人都得嚴格遵守遮掩裸體的規範。二〇〇九年（平成二十一年），某知名偶像團體男藝人酒後來到公園，因全身赤裸被警方以公然猥褻的現行犯逮捕。遭逮捕的當下，男藝人還質問警方：「全裸有什麼不對嗎？」筆者雖然無法得知警方是如何回答的，但是男藝人所提出的單純問題，在這個遮掩裸體的社會中，其實已深深刺入根源。不過，社會朝遮掩裸體的方向邁進，已有一百五十年的歷史，男藝人的一句話並無法輕易撼動根源。最後，男藝人因犯下公然猥褻罪，被課處重罰。

事件發生後，媒體當然大肆報導，該名男藝人的演藝事業也因此暫時中斷。原本已經錄好的節目，改播出剪掉男藝人畫面的版本。此外，男藝人也參與許多廣告演出及代言活動，在發生公園猥褻事件後，廣告商不得不發布暫停播放廣告的聲明，違約金問題也浮上檯面。此外，許多贊助商都有邀請該偶像團體，在日本無線數位電視節目擔任形象大使，包含日本社團法人數位廣播促進協會（DPA）和管轄省廳的總務省，因此官方得全面禁止播放相關廣告，也撤銷男藝人的形象大使身分。當時的日本總務大臣還曾公開譴責說：「真是可恥、最差勁的人，無可原諒！」

後來，總務大臣收回這些話。但無論如何，在一百五十多年前的日本，公共浴場的混浴行為是理所當然的事，在日常生活中也能看見別人全身赤裸地走回家。可是到了現代，這些公然裸露的人就會被罵「差勁」；在幕末或明治初期來到日本的外國人，也是用「表面的視線」與類似的話語，來譴責日本人。

依據現代社會的規則，人們不得在公眾面前露出裸體，但想到從前的日本人不太具備裸體觀念的事實後，這個徹底隱藏裸體的日本社會，似乎已發展到了最後階段。

終章 一 遮掩裸體的極限

遮掩裸體的多種副作用

在上一章提到，明治政府將裸體掃出街頭，但沒有考量到此舉的副作用，於是間接提高了女性的性魅力。然而，這只是多種副作用之一。

當裸體遭強制從街頭排除後，裸體只剩下一個容身之處，那就是自己的住家。不過，裸體觀念經過變遷，即使在家庭之中，也不能隨意裸露。最後竟是在私密的空間中，例如房間、廁所、浴室等場所，才能露出裸體。因此住家不僅是與外界隔離的空間，內部也成為極度隱密的結構。

這時候就要提到江戶時代的家屋，丹麥人蘇安森提過：「日本人的家庭生活，幾乎都是開著大門的型態。」林道則表示：「只要從早到晚站在某戶人家門口，就可以精準地掌握內部家庭的生活型態。」現代人很難想像江戶時代的家屋生活型態，但其型態正好與現代人的住家相反。

歷史學者牧原憲夫分析古代的家屋：「對於庶民而言，家的內外並沒有明顯的區隔，巷弄就只是家屋土間的延伸。」可是當政府開始取締裸體後，「古代的居家地域，原本屬於家屋與巷弄一體式的結構，便以『公共』空間為由，將道路分離開來。」此外，他還指出：「道路不再是居民的空間，『私生活』逐漸縮小至居家之中。」[1]我想，這也是政府極度隱藏裸體所造成的副作用之一。

此外，阻隔外界的住家，可算是用來保護個人隱私的高度結構，這也從中提高保護隱私的意識。因此，遮掩裸體與提高隱私意識，其實是表裏現象，存在相互關係。當裸體遭推入私人空間，並提高了隱私意識後，代表人類開始產生強烈的個人意識。在個人與社會關係曖昧不清的社會中，應該沒有必要特別思考個人的問題。然而，當個人從社會脫離後，人類將重新檢視個人的意義，並再次與社會建構關係，因為若沒有與他人建立相互關係，人類便無法度過社會生活。這時候人類必須向社會證明個人的存在價值，並取得社會的認同。當個人獲得社會的認同後，就創造了自我實現。

然而，不是任何人都能依照自我的理想形象，獲得社會的認同，人或多或少都會產生不一致性。人類總是在無形的落差中感到煩惱，雖然有人鼓起精神，努力克服不一致性的情形；但也有人在與理想相左的拉扯之前，便體會到莫大的挫折感。即使遇到莫大的挫折，屬於一神論的民族也許能獲得救贖，因為能透過神明的無形力量獲得寄託。不過，若沒有神明可依靠的民族，便難以獲得寄託，日本人就是這一類型。例如從社會關係中孤立、網路匿名攻擊、毫不考慮後果的犯罪行為等，都顯現出日本人無依無靠的寂寞心理。這些現象的遠因，也與遮掩裸體脫離不了關係。

隱藏裸體的社會已達極限

此外，現代社會的特徵，是遮掩裸體已到達極限。在第二次世界大戰後，不難想像裸體被遮掩的程度，裸體及與裸體連結的性，都受到嚴厲的壓抑。另一方面，在二戰結束後，原本來到頂點的裸體壓迫，急速趨於緩和，這個時期的象徵就是「畫框秀」。一九四七年（昭和二十二年），女演員甲斐美晴在東京新宿的帝都座，演出站在畫框之中的裸體秀，在當時大受歡迎。至今，依舊有人談論著畫框秀。

透過畫框與裸體來表演的形式，如果站在主辦方的立場，一定會將這類行為辯解為藝術作品。然而，畫框在此還有更重要的象徵意義，它讓以往被嚴加隱藏的事物，產生一道裂縫，使受到壓抑的裸體從裂縫中蹦出。如同成語「千丈之堤，以螻蟻之穴潰」，進而陸續出現新的裂痕，例如電影、電視節目、雜誌、漫畫等，遭壓抑的裸體透過這些裂痕相繼冒出，湧入日常社會。

隨著現代社會網路的普及，裂痕已與日常社會相同的規模蔓延，只要用滑鼠點擊，就能透過螢幕看見原本被遮掩的裸體。面對這樣的事實，大人們不斷苦思如何避免讓孩子接觸到這些「有害」網站，如果繼續放任不管，從明治初期開始建構的隱藏裸體的社會根基，將產生劇烈動搖。

在時代的變遷下，還有值得關注的變化，那就是混浴的復活，但不是在日本，而是德國及奧地利。這些國家的三溫暖中，混浴是基本常識，而且沒有包上浴巾，現在也延續著同樣的習俗。通常在三溫暖的基本禮儀，是將毛巾鋪在地面，避免汗水弄濕地板。日本的法國文學家大矢 TAKAYASU 曾提到自己大概在三十多年以前，在國外有過類似的經驗。當時在一九七四年（昭和四十九年），大矢參加巴黎大學的滑雪旅行團，在奧地利的因斯布魯克待了兩個星期。某一天大矢來到室內游泳池游泳，游完泳進入附設的三溫暖，結果發現在狹窄的三溫暖中，所有人都是一絲不掛的狀態，而且當時跟大矢一同滑雪的可愛少女，也坐在大矢的旁邊，大家如同往常，聊著無關緊要的話題。大矢回憶起當時的情景說：「感覺現場用衣物遮住重點

部位的人，會被認為是怪胎，我對於自己身穿泳褲感到懊悔。」(2)

此外，來到二十一世紀後，《日本經濟新聞》的記者櫻庭薰，在二〇〇七年（平成十九年）五月九日的同報專欄中，刊登「如果換個場所」的報導。此專欄的主題為駐地特派記者介紹世界各地的風俗習慣，是延續至今的長青專欄。「各位千萬別吃驚，在德國、奧地利、瑞士等德語系國家，全裸的混浴是稀鬆平常的事情。」櫻庭記者寫道：「某位日本外交官外派至德國時，友人招待他到家裡聚餐，吃飽飯後友人對他說：『你可以跟我的女兒去三溫暖。』外交官還以為自己聽錯了。」而且，櫻庭還說：「日本人已經習慣男女分隔的形式，才會產生不對勁的感覺，但像這樣男女老少自然地處於一室的習慣，無論身心都會感到莫名的解放與舒暢。」(3)

如今，類似的體驗在網路上都能查到。混浴三溫暖的形式雖然不是世界各地都有，但是此混浴現象的背後，顯現出人類腦部已察覺到遮掩裸體的社會來到極限，為了緩和被過度遮掩的裸體，進而讓混浴行為復活。若套用本書屢次提及的腦化社會論，相信就能獲得這樣的結論。

回歸自我本質的空間

式亭三馬在《浮世風呂》的開頭提到，如果要學習為人之道，沒有比錢湯更為合適的場所。下一段的內文陳述了理由。

賢愚邪正，貧富貴賤，凡入浴均成裸體之姿，此乃天地自然之道。舉凡釋迦、孔子、阿三、權助（筆者註：女傭與男傭），皆以誕生之姿，將一切愛惜欲求拋諸西海，皆為無欲之形。泡過淨湯，洗清欲垢和煩惱，無從分辨老爺與奴僕的裸體，從出生時的產湯至往生的湯灌，並無區別。晚間的紅顏醉客，於清晨沐浴，如同醒人，生死只隔一重。嗚呼，人生豈不如意哉。不信佛的老人，進入澡堂後，不自覺地開始唸佛；好色的壯漢脫下外衣後，也按住下體，自知羞恥；剽悍的武士頭上被淋了熱水，也只能忍住性子，直說是在人堆裡；某位在單臂上刺著盲眼鬼神刺青的俠客，也直說抱歉，低著頭鑽入石榴口。這豈不是錢湯之德？(4)

無論是賢愚正邪或貧富貴賤之人，在泡湯時一定都是全身赤裸的狀態，這是天地自然的道理。只要進入浴池，任何人都是全裸無欲的姿態。只要能洗淨一身的欲垢和煩惱，就像是剛出生時的產湯與往生者的淨身，如同醉漢在清晨泡湯，馬上轉為清醒，讓人感受到生死只是一線之隔。因此，只要進入湯屋，不信佛的人也會開始唸佛，年輕人懂得知恥，武士學會容忍，俠士開始謙卑低頭。這不都是錢湯所帶來的效應嗎？這是三馬想要強調的重點。

其中特別要注意的是「凡入浴均成裸體之姿，此乃天地自然之道」這句話，日本人與裸體之間的關係，自古以來便與信仰有極深的關聯。關於裸體，民族學者和田正平提到：「百姓會透過『祓禊』的淨身儀式，祈求重新做人。」「當結束祓禊儀式後，身體便回歸剛出生時的清淨無垢狀態，除去滿身污穢的裸體，是淨身慎心的最高境界。」(5)

誠如本書之前單元所述，古代日本人的裸體，是以稀鬆平常的方式存在，也具有極為開放的觀念。各位不妨回想一下法國人古德羅從橫濱來到新潟旅行，在旅途中來到湯元溫泉附近的小日向村，在此體驗公共浴場的混浴。古德羅在村裡的公共浴場，與不同年齡層的男女四十多位村民，一同泡湯。在場的村民絲毫不介意古德羅的存在，每個人就像是家人般融洽，放鬆地泡湯。包括釋迦牟尼、孔子、男女、貧富貴賤、日本人或外國人，都沒有區別。來到浴場後，人便忘記了自我，進入無私無欲的境界。

我們會從社會的多樣化關聯性中，再次確認自我的存在，不過這是比想像中更為嚴苛且具極大壓力的過程。當我們感到身心俱疲時，就會想要泡湯放鬆，這就是現代人常說的療癒。然而，我們泡湯的目的，只是透過物理性的方式尋求消除壓力而已嗎？當然其中包含消除壓力的因素，但另一個目的，就是在全身赤裸的狀態下，試圖修復遍體鱗傷的個體，「從零開始」再次建構與社會的關聯性。就某種意義而言，就是一種死與重生的儀式。

從幕末以後逐漸消失的「純正裸體」風景，或許是當今社會所不可或缺的要素。至於，混浴三溫暖也許能延續當時的風俗，但也或許無法辦到。

結語

各位不妨在搜尋引擎輸入「混浴 三溫暖」看看，就能看到有人在部落格介紹混浴三溫暖的體驗，結果就跟終章所介紹的內容一樣。

看過一些部落格文章後，會發現體驗者以女性居多，這是因為前往國外旅行的單身旅客，以女性占較多比例的原因吧！

另一方面，從文章的內容來看，大多都是分享在三溫暖的特殊經驗，以及令人吃驚的際遇，應該有些人會受到這類文章的影響，而親身前往三溫暖體驗看看。

然而，在一百五十多年前，將混浴視為日常行為的日本人，現在卻對於混浴三溫暖感到吃驚，這是耐人尋味的事實。

此外，部落格的板主，通常會盡量用誇張的語氣，來描述自身的體驗，這也是值得深思的地方。就像是一百五十多年前來到日本的外國人，當他們目睹公共浴場的混浴風景時，也有相同的反應。

這些外國人回國後，應該也會用誇大其詞的方式，向其他人介紹日本人混浴的習慣吧！其中也有人煞有介事地，流傳日本公共浴場的淫穢行為如家常便飯，聽到這些傳聞後，相信會有外國人特地來到日本的公共浴場參觀。

不過，筆者在本書所論述的內容，絕非誇大其詞，自始至終都是以威爾海姆・海涅的〈下田公共浴場圖〉為出發點，盡可能根據真實的史料，探討一百五十多年來，日本人裸體觀念的變遷。

如果有讀者在看完本書後，想要更深入了解江戶時代的公共浴場，強力推薦各位前往「大阪市立生活居住博物館、大阪生活今昔館」。館內將江戶時代設有石榴口的公共浴場，以原寸大小的形式呈現在參觀者的面前。公共浴場是根據本書多次介紹的《守貞謾稿》所刊載的上方樣式石榴口及浴場平面圖，除了石榴口或浴槽，還真實還原了浴場內傾斜的地板，雖然不能實地泡湯，但可以充分感受當時的氣氛。

在撰寫本書的過程中，原本是為了介紹日本混浴的情形與變遷，筆者從二〇〇七年春天開始，前往各地蒐集資料，但後來發現日本人裸體觀念的變遷，比起混浴更為有趣，幾經波折，終於完成本書。

本書的最後，要對於不吝提供資料與接受採訪的下田鄉土史家土橋一德先生、下田開國博物館的芳野才利先生、尾形征己先生、神戶大學名譽教授小野厚夫先生、龍谷大學前教授押田榮一先生、國立民族學博物館前客座教授吉井正彥先生、神戶學院大學教授松田裕之先生，表示由衷感謝之意。

二〇一〇年三月
於神戶元町

文庫版後記

日文版《裸體日本》最早由新潮選書於二〇一〇年出版，本次有幸由筑摩文庫出版文庫本，身為作者的我，是極大的榮幸。

回想起撰寫本書的淵源，要回溯到二〇〇四年。當時，我為了研究培理在橫濱所舉行的大規模電報機展示會，也是日本首度接觸電報機的歷史，反覆閱讀了《培理艦隊日本遠征記》，於是第一次看到〈下田公共浴場圖〉。

當時我立刻下了結論：「即便是幕末的日本，也不太可能會有這種公共浴場」。所以當時並沒有去證實這幅畫的真偽。不過在我的腦中，似乎還有疑惑、不解的地方。這是個冗長的故事，但是大概在三年過後，我終於想要確認幕末的公共浴場，是否真的如同〈下田公共浴場圖〉所描繪的景象，然後調查的結果便成為本書的內容。

在本書出版後，透過報紙或雜誌的書評的介紹，讀者的迴響不算太差。記得當時資深演員武田鐵矢偶然在書店讀了這本書，還邀請我來上他擔任主持人的節目「武田鐵矢的週刊鐵學」，是令人懷念的回憶。

經過本次重新校對，我重新閱讀當時所蒐集的書籍與資料，最令我有感的是，現今與過往的書籍出版環境，產生極大的差異。

當時，我將影印的紙張資料夾放在知名品牌 KING JIM 的資料夾裡，由於資料龐大，很難快速從各個資料夾找出想要的資料，所以我會在標籤貼紙上寫下資料名稱，並貼在各個資料上，這樣就能快速找出想要的。例如，我在本書的第五章介紹黑田清輝的裸體畫爭論，託資料夾與標籤貼紙之賜，才能快速找出相關的新聞報導。

然而，到了現在，我已經不再使用 KING JIM 的資料夾，而是將紙本資料轉成 PDF 電子檔，並建立出版書籍的電腦資料夾分類。此外，如果想要引用轉成 PDF 電子檔的紙本資料內容，可以運用微軟 WORD 文書軟體的索引與超連結功能，立刻找出想要的檔案。現在，我幾乎不用打開沉重的資料夾，花大量時間去找想要的資料（但如果有引用的書籍，則不在此限範圍）。

此外，我還可以將原稿或 PDF 檔案存在雲端硬碟中，就算平日愛用的 Mac 電腦出問題，重要的檔案依舊平安無事。隨著電子書的發展，透過網路就能查找年代久遠的書籍資料，這也是現代與早期社會最大的差別。附帶一提，我這次在校正本書時，使用的是 iPad GoodNotes APP，可以直接在 PDF 檔案上加入紅筆標記，這也是一大演進之處。

沒想到僅短短六年，書籍的環境有如此極大的轉變，這是令我感到驚訝的地方。不得不說，跟日本人裸體觀念的變化相比，其演進速度快了數十倍。

在本書的最後，要特別提到筑摩書房的高橋淳一先生，他是促成本書文庫本化的重要推手。從企劃到出版的過程，他總是以比出版環境的變化高出數十倍的速度，完成本書的出版作業，在此深深表達謝意。

二〇一六年三月
於神戶元町

註釋

序章

（1）更精確來說為嘉永七年，嘉永七年到舊曆11月26日為止，從隔天的27日開始，年號改為「安政」。

（2）Francis L. Hawks "Narrative of the Expedition of an American Squadron to the China and Japan"（1856, A.O.P.Nicholson）

（3）古斯塔夫・史碧思《史碧思之普魯士日本遠征記》（シュピースのプロシア日本遠征記）（1934，奥川書房）卷頭插圖

第一章

（1）衛三畏（Samuel Wells Williams）《培理日本遠征隨行記》（1970，雄松堂書店）（ペリー日本遠征随行記）P273

（2）J・威爾科特・史伯丁（J.Willett Spalding）"The Japan Expedition Japan and Around the World"（1855. Redfield）P273～274

（3）Hawks，前揭書 P405

（4）J・威爾科特・史伯丁，前揭書 P274

（5）衛三畏，前揭書 P303

（6）風俗史家中野榮三曾於著作《入浴，錢湯的歷史》（1994，雄山閣）P80中提到類似的問題。

（7）哈伯沙姆（Alexanders Wylly Habersham）"My Last Cruise; Or, Where We Went and What We Saw"（1857,J.B.Lippincott & Co.）P241

（8）約翰斯頓（James D. Johnston）"China and Japan"（1861, Cushings & Baliey）P139

（9）小野寺鈴子／每日新聞社企劃事業部編《The Victorian nude》（2003，每日新聞社）P16

（10）喬治・維加埃羅（Georges Vigarello）《變乾淨的「我」》（清潔になる「私」）（1994，同文館出版）P13

（11）漢斯・皮特・德爾（Hans Peter Duerr）《裸體與羞恥文化史》（1990，法政大學出版局）（裸体とはじらいの文化史）P413

（12）貝西・霍爾・張伯倫（Basil Hall Chamberlain）《日本事物誌（1）》（1969，東洋文庫）P61

（13）茱利亞．切爾格（Julia Csergo）《自由、平等、清潔》（1992，河出書房新社）P27
（14）同前書 P134、142
（15）湯森．哈里斯（Townsend Harris）《哈里斯日本停留記（中）》（ハリス日本滞在記（中））（1954，岩波書店）P95
（16）龐貝（Johannes Lijdius Catharinus Pompe Van Meerdervoort）《龐貝日本停留見聞記》（ポンペ日本滞在見聞記）（1968，雄松堂書店）P305
（17）海涅（Peter Bernhard Wilhelm Heine）《海涅世界航行日本旅行》（ハイネ世界周航日本への旅）（1983，雄松堂出版）P133
（18）鹿島卯女編《明治的黎明：根據庫爾特．內特之描繪》（明治の夜明けクルト・ネットのスケッチより）（1974，鹿島研究所出版會）P70
（19）海涅，前揭書 P132
（20）同前書 P133
（21）也標記為「柘榴口」，本書依據《守貞謾稿》的標記，統一為「石榴口」
（22）以上的現代語譯出自神保五彌《浮世風呂》（1977，每日新聞社）P192～193
（23）式亭三馬《新日本古典文學大系86》（1989，岩波書店）P440
（24）神保五彌，前揭書 P196～197
（25）寺門靜軒《江戶繁昌記1》（1974，東洋文庫）P218
（26）篠田鑛造《明治百話》（1969，角川選書）P202
（27）林美一《季刊江戶春秋9：夏之卷》（1978，未刊江戶文學刊行會）P53
（28）海涅，前揭書 P133

第二章

（1）寺門靜軒，《江戶繁昌記1》（1974，東洋文庫）P234
（2）同前書 P219
（3）中井信彥等《都市的生活文化（有關於寬政的混浴禁止令）》（都市の生活文化（寛政の混浴禁止令をめぐって））（1993，吉川弘文館）P171
（4）藤澤衛彥《變態浴場史》（1927，文藝資料研究會）P57
（5）喜田川守貞《類聚近世風俗志（守貞謾稿）》（1908，東京出版同志會）P208
（6）同前書 P199

（7）西弗爾（J.M.W. Silver）"Sketches of Japanese Manners and Customs"（1867, Day & Som Limited）P47

（8）吉田光邦《雙洋之眼》（両洋の眼）（1978，朝日新聞社）P113

（9）俄理范（Laurence Oliphant）《額爾伯爵遣日使節錄》（エルギン卿遣日使節録）（1968，雄松堂書店）P122

（10）喜田川守貞，前揭書 P204

（11）俄理范，前揭書 P122

（12）漢伯特（Aime Humbert-Droz）《漢伯特幕末日本圖繪（下）》（アンベール幕末日本図絵（下））（1970，雄松堂書店）P109

（13）同前書 P110

（14）同前書 P110

（15）同前書，月報 P6

（16）《歐倫堡日本遠征記（上）》（1969，雄松堂書店）P196

（17）歐倫堡伯爵（Prince Philipp zu Eulenburg）《第一次德國遣日使節團日本停留記》（第一回独逸遣日使節日本滞在記）（1940，刀江書院）P142

（18）波瓦公爵（Ludovic de Beauvoir）《日本 1867 年》（ジャポン 1867 年）（1984，有隣新書）P30

（19）同前書 P132 ～ 133

（20）《富士屋飯店八十年史》（富士屋ホテル八十年史）（1958，富士屋飯店股份公司）P4

（21）林道（Rudolf Lindau）《瑞士領事所見的幕末日本》（スイス領事の見た幕末日本）（1986，新人物往來社）P231。根據譯者森本英夫的解說。

（22）蘇安森（Edouard Suenson）《江戶幕末停留記》（江戸幕末滞在記）（1989，新人物往來社）P93

（23）橫濱開港資料館編《霍姆斯船長的冒險》（ホームズ船長の冒険）（1993，有隣堂）P30

（24）龐貝，前揭書 P306

（25）盧多夫（August Luhdorf）《格雷塔號日本通商記》（ゲレタ号日本通商記）（1984，雄松堂出版）P101

（26）特龍松（John M. Tronson）"Personal Narrative of a Vovyge to Japan, Kamtschatka, Siberia, Tartary, and Various Parts of Coast of China"（1859, Smith Elder & Co.）P256 ～ 257

（27）提利（Henry Arthur Tilley）"Japan, the Amoor, and the Pacific"（1861, Smith, Elder & Co.）P118

（28）石田魚門《方今大阪繁昌記（初篇）》（1876，寶文堂）P21

（29）杜巴爾（Maurice Dubard）《阿花之戀》（おはなさんの恋）（1991，有隣新書）P141～143

（30）澤本健三編《伯爵田中青山》（1929，田中伯傳記刊行會）P1050

（31）《廣辭苑第五版》（1998，岩波書店）P2735

（32）司馬遼太郎《龍馬行‧立志篇》（竜馬がゆく立志篇）（1963，文藝春秋）P9～10

（33）澤本健三編，前揭書P1051

（34）喜田川守貞，前揭書P200

（35）中西道子《摩士素描本》（モースのスケッチブック）（2002，雄松堂出版）P235

（36）艾華‧摩士（Edward Sylvester Morse）《日本每日（1）》（日本その日その日（1））（1970，東洋文庫）P86

（37）伊莎貝拉‧博得（Isabella Lucy Bird）《日本內陸紀行》（日本奥地紀行）（2000，平凡社）P327～328

（38）古德羅（Gustave Goudareau）《法國人散步記》（仏蘭西人の駆けある記）（1987，まほろば書房）P22

（39）小木新造《東京時代》（2006，講談社學術文庫）P116

（40）金泉みね《殘留之夢》（名ごりの夢）（1963，東洋文庫）P216

（41）益軒會編撰《益軒全集卷之三》（1911，益軒全集出版部）收錄「女大學」P686

（42）花咲一男《江戸入浴百姿》（2004，三樹書房）P141

（43）同前書P151

（44）伊莎貝拉‧博得，前揭書P140

（45）同前書P146

（46）同前書P147

（47）同前書P160

（48）史密斯（George Smith）"The Weeks in Japan"（1861, Longman, Green, Longman and Roberts）P59

第三章

（1）艾華．摩士，前揭書 P87
（2）施里曼（Heinrich Schliemann）、龐培里（Raphael Pumpelly）《施里曼日本中國旅行記．．龐培里日本勘查紀行》（シュリーマン日本中国旅行記 パンペリー日本踏査紀行）（1982，雄松堂書店）收錄「龐培里日本勘查紀行」P97
（3）俄理范，前揭書 P17～18
（4）同前書 P84
（5）維爾納（Reinhold Werner）《愛爾貝號艦長幕末記》（エルベ号艦長幕末記）（1990，新人物往來社）P79
（6）同前書 P79～80
（7）柳田國男《明治大正史．．世相篇》（1967，東洋文庫）P26
（8）漢伯特，前揭書 P111
（9）龐貝，前揭書 P306
（10）萬寶龍（Charles Descantons de Montblanc）等《萬寶龍日本見聞記》（モンブランの日本見聞記）（1987，新人物往來社）P64
（11）歐倫堡，前揭書 P210～211
（12）俄理范，前揭書 P103
（13）林道，前揭書 P42
（14）蘇安森，前揭書 P43
（15）波瓦公爵，前揭書 P39
（16）吉美（Emile Guimet）《1876 日安神奈川》（1876 ボンジュールかながわ）（1977，有隣堂）P35～36
（17）橫濱開港資料館編，前揭書 P24
（18）《歐倫堡日本遠征記（上）》（オイレンブルク日本遠征記（上））P196
（19）橫濱開港資料館編，前揭書 P28
（20）維爾納，前揭書 P78
（21）金井圓編譯《描寫幕末明治》（描かれた幕末明治）（1973，雄松堂書店）P67
（22）波瓦公爵，前揭書 P39
（23）《歐倫堡日本遠征記（上）》（オイレンブルク日本遠征記（上））P168
（24）吉美，前揭書 P36
（25）馬坤恩（Francis Macouin）《日本的開國》（1996，創元社）P144
（26）同前書 P144
（27）艾華．摩士，前揭書 P89
（28）歐倫堡，前揭書 P89
（29）波瓦公爵，前揭書 P83～84
（30）哈里斯，前揭書 P161

（31）維爾納，前揭書 P79
（32）申維翰《海游錄》（1974，東洋文庫）P312
（33）菅原康介《人為何感到羞恥》（人はなぜ恥ずかしがるのか）（1998，サイエンス社）P30
（34）布洛涅（Jean Claude Bologne）《羞恥的歷史》（1994，筑摩書房）P4
（35）哈里斯，前揭書 P95
（36）林道，前揭書 P43
（37）密福特（Algernon Bertram Mitford）"Tales of Old Japan"（2003, Kessinger Publishing）P42
（38）張伯倫，前揭書 P61
（39）若桑綠《被遮掩的視線》（隠された視線）（1997，岩波書店）P28～29
（40）澀澤榮一《澀澤榮一留法日記》（渋沢栄一滞仏日記）（1928，日本史籍協會）P25
（41）斯克里奇（Timon Screech）《春畫》（1998，講談社選書 METIER）P47
（42）宮下規久朗《刺青與裸體的美術史》（刺青とヌードの美術史）（2008，日本放送出版協會）P126
（43）同前書 P126
（44）布洛涅，前揭書 P51～52
（45）養老孟司《唯腦論》（1989，青土社）P13
（46）笛卡兒（René Descartes）《談談方法》（方法序說）（1953，岩波文庫）
（47）河合隼雄《河合隼雄著作集 8：日本人之心》（1994，岩波書店）P297
（48）早川聞多《春畫中的小孩》（春画のなかの子供たち）（2000，河出書房新社）P46
（49）同前書 P59
（50）若桑綠，前揭書 P29
（51）史密斯，前揭書 P104
（52）橫濱開港資料館編，前揭書 P30
（53）維爾納，前揭書 P80～81
（54）布斯凱（Georges Hilaire Bousquet）《日本見聞記：一》（1977，みすず書房）P94
（55）林道，前揭書 P42
（56）同前書 P48
（57）蘇安森，前揭書 P94
（58）龐培里，前揭書 P97
（59）伊里亞思（Norbert Elias）《文明化的過程．上》（1977，法政大學出版局）P68
（60）布洛涅，前揭書 P10
（61）德爾（Hans-Peter-Duerr）《裸體與羞恥的文化史》（裸体とはじらいの文化し），該書全篇站在反對伊里亞思文明化理論的立場

（62）漢伯特，前揭書 P112

（63）吉美，前揭書 P36～38

第四章

（1）森銑三《齋藤月岑日記鈔》（1983，汲古書院）收錄「廣瀨六左衛門雜記抄」P190

（2）全國公眾浴場業環境衛生同業組合聯合會《公眾浴場史》（1972，全國公眾浴場業環境衛生同業組合聯合會）P429

（3）吉田光邦，前揭書 P142

（4）橫濱開港資料館編，前揭書 P38

（5）德爾，前揭書 P125

（6）漢伯特，前揭書 P111

（7）龐貝，前揭書 P306

（8）橫濱開港資料館編，前揭書 P64

（9）密福特，前揭書 P42

（10）布萊克（John Reddie Black）《Young Japan》（1970，東洋文庫）P98

（11）海涅，前揭書 P10、小澤健志編《幕末—寫真的時代》（1996，筑摩學藝文庫）P16 有詳細說明

（12）同前書 P105

（13）林美一《豔色江戶的瓦版》（1988，河出文庫）P198

（14）下川耿史《日本情色寫真史》（1995，青弓社）P20

（15）同前書 P18

（16）同前書 P20

（17）金西一《近代日本的歧視與性文化》（近代日本の差別と性文化）（2004，雄山閣）P147、175

（18）若桑綠，前揭書 P60

（19）Mitford，前揭書 P42

（20）依據藤井甚太郎、尾佐竹猛《幕末明治過渡期之風俗，幕末東西風俗觀》（1928，雄山閣）資料。

（21）同前書 P132

（22）小木新造，前揭書 P116

（23）同前書 P115

（24）東京都編《東京市史稿：市街篇第五十》（2001，臨川書店）P475

（25）東京都編《東京市史稿：市街篇第六十九》（1977，東京都）P673

（26）全國公眾浴場業環境衛生同業組合聯合會，前揭書 P191。此外，改正湯屋取締規則的記載為「若其結構符合本法令規範，於今年十月三十日之前可自行改建。」

（27）武田勝藏《風呂與湯屋軼聞》村松書館 P39
（28）下田開國博物館《黑船》（2004）P20
（29）東京都編《東京市史稿：市街篇第五十》P476
（30）同好史談會編《漫談明治初年》（1927，春陽堂）P424
（31）東京都編《東京市史稿：市街篇第五十二》（2001，臨川書店）P575
（32）小木新造等校注《日本近代思想大系23．風俗、性》（1990，岩波書店）P4
（33）笹間良彥《圖錄性之日本史》（1996，雄山閣）
（34）東京都編《東京市史稿：市街篇第五十三》（2001，臨川書店）P692～708
（35）高橋鐵《近世近代一百五十年性風俗圖史（上）》（1968，久保書店）卷頭插圖
（36）同好史談會編，前揭書 P425～426
（37）千葉市美術館編《文明開化的錦繪新聞》（2008，國書刊行會）P184
（38）《岩波講座：日本通史16》（1994，岩波書店）收錄牧原憲夫「文明開化論」P256
（39）一八七五年（明治8年）五月二十日，讀賣新聞
（40）小木新造，前揭書 P121
（41）高橋鐵，前揭書 P270
（42）伊莎貝拉．博得，前揭書 P247～248

第五章

（1）木村毅編《拉古薩玉自傳》（ラグーザお玉自叙伝）（1980，恒文社）P54
（2）俄理范，前揭書 P84
（3）維爾納，前揭書 P79
（4）篠田鑛造，前揭書 P203
（5）萬寶龍等，前揭書 P128～129
（6）羅逖（Pierre Loti）《菊夫人》（お菊さん）（1929，岩波文庫）P152～153
（7）川端康成等監修《日本人一百年：5》（1972，世界文化社）P159
（8）羅逖《阿梅第三次的春天》（お梅が三度目の春）（1952，白水社）P153
（9）全國公眾浴場業環境衛生同業組合聯合會，前揭書 P124
（10）同前書 P123
（11）《日本發現18．煙霧瀰漫的村落》（1980，曉教育圖書）P124
（12）權藤晉《柘植義春幻想紀行》（1998，立風書房）P88～89

（13）二〇一〇年（平成二十二年）三月二日，神戶新聞
（14）愛麗絲·培根（Alice Mabel Bacon）《明治日本的女性》（2003，みすず書房）P205
（15）石黑敬章、瀧鍊太郎編《明治期的泳裝美女》（明治期の海水着美人）（1997，新潮社）P145
（16）岩崎爾郎、清水勳《明治大正諷刺漫畫與世相風俗年表》（1982，自由國民社）P46
（17）平塚雷鳥《萬物開端，女性曾為太陽—平塚雷鳥自傳（上卷）》（元始、女性は太陽であった—平塚らいてう自伝（上巻））（1971，大月書店）P111
（18）《國民之友··第四卷第三十七號》（1889，民友社）P46
（19）一八九五年（明治二十八年）四月二十三日，大阪朝日新聞
（20）黑田紀念館《裸體畫論爭》（https://www.tobunken.go.jp/kuroda/gallery/japanese/tikanjo01.html）
（21）一八九五年（明治二十八年）五月三日，日出新聞
（22）若桑綠，前揭書 P45
（23）黑田紀念館「蹄之痕所收書簡（一）～（九）」（https://www.tobunken.go.jp/kuroda/archive/k_biblo/japanese/essay40030.html）
（24）一八九五年（明治二十八年）五月十八日，讀賣新聞
（25）柳田國男，前揭書 P28
（26）伊里亞思的代表著作名
（27）若桑綠，前揭書 P45
（28）一八九八年（明治三十一年）五月十二日、二十七日、三十一日，讀賣新聞
（29）逸見久美《新版評傳與謝野晶子明治篇》（2007，八木書店）P188～189
（30）高橋鐵《近世近代一百五十年性風俗圖史（下）》（1969，久保書店）P57
（31）宮下規久朗，前揭書 P110
（32）神戶市立博物館等，前揭書 P19
（33）宮下規久朗，前揭書 P114
（34）一八九一年（明治二十四年）一月三十一日，讀賣新聞

第六章

（1）倉野憲司校注《古事記》（1963，岩波文庫）P26
（2）河合隼雄《傳說故事與日本人之心》（昔話と日本人の心）（1982，岩波文庫）第一章
（3）一九〇一年（明治三十四年）十月二十四日，國民新聞
（4）艾利斯（Henry Havelock Ellis）《羞恥心的進化》（1996，未知谷）P29
（5）高橋鐵，前揭書（下）P108
（6）小泉輝三朗《明治犯科帳》（1967，人物往來社）P214
（7）花咲一男，前揭書 P116
（8）一九二四年（大正十三年）十一月十一日，讀賣新聞
（9）一九二四年（大正十三年）十一月十三日，讀賣新聞
（10）一九二四年（大正十三年）十一月十二日，東京朝日新聞
（11）清水勳編著《明治的面貌，法國畫家比戈的世界》（明治の面影・フランス人画家ビゴーの世界）（2002，山川出版社）P187
（12）一九一九年（大正八年）五月二十六日，讀賣新聞
（13）岡滿男《百年間女性》（この百年の女たち）（1983，新潮社）P105
（14）青木英夫《內衣文化史》（下着の文化史）（2000，雄山閣）P185
（15）鴨居羊子《內衣文化論》（下着ぶんか論）（1958，凡凡社）P60
（16）青木英夫，前揭書 P178
（17）高橋鐵，前揭書（下）P226
（18）海野十三《海野十三全集第一卷：遺言狀放送》（1990，三一書房）P209
（19）一九二八年（昭和三年）三月二十八日，讀賣新聞
（20）一九二九年（昭和四年）十一月三十日，讀賣新聞
（21）一九三十年（昭和五年）十一月六日，讀賣新聞
（22）青木英夫，前揭書 P203
（23）同前書 P203
（24）井上章一《看見內褲》（パンツが見える）（2002，朝日選書）P97
（25）同前書 P77～78
（26）日本穿著時尚協會編集委員會編《日本洋裝內衣的歷史》（日本洋装下着の歴史）（1987，文化出版局）P13

(27) 同前書 P14

(28) 同前書 P70

(29) 川端康成等監修《日本人一百年：12》（1973，世界文化社）P183

(30) 一九三二年（昭和七年）五月十六日，讀賣新聞

(31) 高橋鐵《裸體美學》（1951，あまとりあ社）P83

(32) 鴨居羊子，前揭書 P78

終章

(1) 牧原憲夫，前揭書 P256

(2) 布洛涅，前揭書 P417

(3) 二〇〇七年（平成十九年）五月十九日，日本經濟新聞

(4) 式亭三馬，前揭書 P5

(5) 和田正平《裸體人類學》（1994，中公新書）P124

插圖一覽

圖序-1 下田的公共浴場／“Narrative of the Expedition of an American Squadron to the China Seas and Japan”, Compiled by Francis L. Hawks, 1856, A.O.P. Nicholson，無頁碼

圖序-2 普魯士遣日使節團／《Spiess 普魯士日本遠征記》Gustav Spiess, 1934，奥川書房，卷頭插圖圖

圖 1-1 《My Last Cruise》的下田公共浴場插圖／“My Last Cruise”, A.W. Habersham, 1857, J.B. Lippincott & Co., P242

圖 1-2 以沖冷水澡的方式提高軍隊士氣／《自由、平等、清潔》茱利亞．切爾格（Julia Csergo），1992，河出書房新社，卷頭插圖

圖 1-3 另一幅下田公共浴場圖／“Reise um die Erde nach Japan Band 2”, Wilhelm Heine, 2003, Adamant Media Corporation, P34

圖 1-4 《賢愚湊錢湯新話》插圖的石榴口／《浮世風呂》，神保五彌，1977，每日新聞社，P192～193

圖 1-5 上方樣式的石榴口／《類聚近世風俗志》喜田川守貞，1908，東京出版同志會，P202

圖 1-6 海涅所描繪的石榴口／“Narrative of the Expedition of an American Squadron to the China Seas and Japan”, Compiled by Francis L. Hawks, 1856, A.O.P. Nicholson，無頁碼

圖 1-7 石榴口內部景象／《浮世風呂》，神保五彌，1977，每日新聞社，P196～197

圖 1-8 石榴口內部的混浴景象／《季刊江戶春秋 9：夏之卷》林美一編著，1978，未刊江戶文學刊行會，P53

圖 1-9 江戶浴場平面圖／《類聚近世風俗志》喜田川守貞，1908，東京出版同志會，P201、207

圖 1-10 清洗身體的客人／《浮世風呂》，神保五彌，1977，每日新聞社，P94～95

圖 1-11 洗浴場的客人與傾斜的地板／“Narrative of the Expedition of an American Squadron to the China Seas and Japan”, Compiled by Francis L. Hawks,1856, A.O.P. Nicholson，無頁碼

圖 2-1 鳥居清長所描繪的女湯，臨摹
圖 2-2 英國人所臨摹的公共浴場圖／“Sketches of Japanese Manners and Customs”，J.M.W. Silver, 1867, Day & Son, P47
圖 2-3 湯屋招牌／《類聚近世風俗志》喜田川守貞，1908，東京出版同志會，P204
圖 2-4 明治元年的江戶湯屋／《日本風俗史講座第十卷》收錄「風呂」中桐確太郎，1973，雄山閣出版，P584
圖 2-5 《漢伯特幕末日本圖繪》之「江戶錢湯」／《漢伯特幕末日本圖繪下》漢伯特，1970，雄松堂書店，P30
圖 2-6 《世界周遊旅行》的「錢湯風景」／《瑞士領事眼中所見的幕末日本》林道，1986，新人物往來社，卷頭插圖
圖 2-7 摩士所描繪的湯元浴場／《日本每日（1）》艾華．摩士，1970，東洋文庫，P88

圖 3-1 《漢伯特幕末日本圖繪》／裡的馬夫《漢伯特幕末日本圖繪．上》漢伯特，1969，雄松堂書店，P14
圖 3-2 上身赤裸梳妝的女性／《漢伯特幕末日本圖繪．上》漢伯特，1969，雄松堂書店，P27
圖 3-3 摩士所描繪當時的浴槽／《日本住家》艾華．摩士，2004，八坂書房，P216
圖 3-4 雷加梅描繪的日本人沐浴圖／“Promnades Japonaises”，Emile Guimet, 1878, Charpentier, P37
圖 3-5 歌川國貞《女湯吵架圖》／《江戶入浴百姿》花咲一男，2004，三樹書房，卷頭插圖
圖 3-6 出現於春畫中的小孩／《春畫中的小孩》早川聞多，2000，河出書房新社，P46

圖 4-1 《春窗情史》所刊載的裸體攝影圖／《豔色江戶瓦版》林美一，1988，河出書房新社（河出文庫），卷頭插圖
圖 4-2 明治時代的錢湯／《風俗畫報．第74號》1894，東陽堂，P12
圖 4-3 《違式詿違條例》圖解／《近世近代150年性風俗圖史（上）》高橋鐵，1968，久保書店，卷頭插圖
圖 4-4 十二條、二十二條圖解／《風俗、性》小木新造等校注，1990，岩波書店，P32
圖 4-5 郵便報知新聞，第七百二號／《文明開化錦繪新聞》千葉市美術館編，2008，圖書刊行會，P184

圖 5-1 拉古薩玉所描繪的京都旅館情景／《拉古薩玉自傳》木村毅編，1980，恒文社，卷頭插圖

圖 5-2 比戈所描繪的熱海海水浴場／《比戈的世界》清水勳編著，2002，山川出版社，P65

圖 5-3 比戈所描繪的稻毛海岸海水浴風景／《比戈的世界》清水勳編著，2002，山川出版社，P75

圖 5-4 《蝴蝶》插畫／《國民之友．第 37 號》收錄「胡蝶」，山田美妙，1889，民友社，無頁碼

圖 5-5 《朝妝》《近世近代 150 年性風俗圖史（上）》高橋鐵，1968，久保書店，P247

圖 5-6 比戈所描繪觀看《朝妝》的人們／《比戈所見的日本人》清水勳，2001，講談社（講談社學術文庫），P199

圖 5-7 村井香菸隨香菸附贈的卡片（吉井正彥提供）

圖 5-8 一條成美所臨摹的法國裸體畫／《近世近代一百五十年性風俗圖史（下）》高橋鐵，1969，久保書店，P57

圖 5-9 白馬會展展出作品（黑田清輝筆）

圖 6-1 觀看裸體雕刻的群眾／一九〇七年（明治四十年）3 月 31 日，讀賣新聞

圖 6-2 女學生露大腿事件的新聞報導／一九二四年（大正十三年）11 月 13 日，讀賣新聞

圖 6-3 大方以泳裝姿態見人的女性登場／《漫畫所描繪的明治、大正、昭和》清水勳編著，1988，教育社，P124

圖 6-4 日本全國的婦人，穿上內褲吧！／《漫畫所描繪的明治、大正、昭和》清水勳編著，1988，教育社，P143

圖 6-5 內褲小偷／《近世近代一百五十年性風俗圖史（下）》高橋鐵，1969，久保書店，P226

裸體日本

混浴、窺看、性意識，一段被極力遮掩的日本近代史

作　　者　中野明（Akira Nakano）
譯　　者　楊家昌

責任編輯　蔡穎如
封面設計　兒日設計
內頁編排　林詩婷

行銷主任　辛政遠
資深行銷　楊惠潔
通路經理　吳文龍
總 編 輯　姚蜀芸
副 社 長　黃錫鉉
總 經 理　吳濱伶
首席執行長　何飛鵬

出　　版　創意市集 Inno-Fair
發　　行　英屬蓋曼群島商家庭傳媒股份有限公司城邦分公司
Distributed by Home Media Group Limited Cite Branch
地　　址　115 臺北市南港區昆陽街 16 號 8 樓
8F., No. 16, Kunyang St., Nangang Dist., Taipei City 115 , Taiwan

城邦讀書花園　www.cite.com.tw
客戶服務信箱　service@readingclub.com.tw
客戶服務專線　(02) 25007718、(02) 25007719
客戶服務傳真　(02) 25001990、(02) 25001991
服務時間　週一至週五 09:30 ～ 12:00、13:30 ～ 17:00
劃撥帳號　19863813　戶名：書虫股份有限公司
實體展售書店　115 臺北市南港區昆陽街 16 號 5 樓

I S B N　978-626-7683-39-2（紙本）／ 978-626-7683-38-5（EPUB）
版　　次　2025 年 7 月二版 1 刷
定　　價　新台幣 420 元（紙本）／ 315 元（EPUB）／港幣 140 元

製版印刷　凱林彩印股份有限公司

HADAKA WA ITSUKARA HAZUKASHIKU NATTAKA – “RATAI” NO NIHON KINDAISHI
by Akira Nakano

Original Japanese edition published by Chikumashobo Ltd., Tokyo.

This Complex Chinese edition is published by arrangement with Chikumashobo Ltd., Tokyo in care of Tuttle-Mori Agency, Inc., Tokyo through Keio Cultural Enterprise Co.,Ltd., New Taipei City.

國家圖書館預行編目 (CIP) 資料

裸體日本：混浴、窺看、性意識，一段被極力遮掩的日本近代史／中野明著 . 楊家昌譯 . -- 二版 . -- 臺北市：創意市集出版：英屬蓋曼群島商家庭傳媒股份有限公司城邦分公司發行 , 2025.07
　面；　公分 -- (Redefine 哲史思 ; 10X)
譯自：裸はいつから恥ずかしくなったか：「裸体」の日本近代史

ISBN 978-626-7683-39-2　（平裝）

1.CST: 裸體 2.CST: 文化史 3.CST: 日本

538.167　114007605

香港發行所　城邦（香港）出版集團有限公司
九龍土瓜灣土瓜灣道 86 號順聯工業大廈 6 樓 A 室
電話：(852) 2508-6231
傳真：(852) 2578-9337
信箱：hkcite@biznetvigator.com

馬新發行所　城邦（馬新）出版集團
41, Jalan Radin Anum, Bandar Baru Sri Petaling, 57000 Kuala Lumpur, Malaysia.
電話：(603) 9056-3833
傳真：(603) 9057-6622
信箱：services@cite.my

＊廠商合作、作者投稿、讀者意見回饋，請至：
創意市集粉專：https://www.facebook.com/innofair、創意市集信箱：ifbook@hmg.com.tw